당신이 그린
우주를 보았다

이토록
풍부한
여성영화의
세계

당신이 그린 우주를 보았다

손희정

김도영
윤가은
김보라
장유정
임선애
안주영
유은정
박지완
김초희
한가람
차성덕
윤단비
이경미

마음산책

당신이 그린
우주를 보았다

이토록 풍부한 여성영화의 세계

1판 1쇄 인쇄 2021년 6월 25일
1판 1쇄 발행 2021년 6월 30일

지은이 | 손희정
펴낸이 | 정은숙
펴낸곳 | 마음산책

편집 | 권한라 · 성혜현 · 김수경 · 이복규   디자인 | 최정윤 · 오세라
마케팅 | 권혁준 · 김은비   경영지원 | 박지혜

등록 | 2000년 7월 28일(제13-653호)
주소 | (우 04043) 서울시 마포구 잔다리로 3안길 20
전화 | 대표 362-1452 편집 362-1451   팩스 | 362-1455
홈페이지 | www.maumsan.com
블로그 | blog.naver.com/maumsanchaek
트위터 | twitter.com/maumsanchaek
페이스북 | facebook.com/maumsan
인스타그램 | instagram.com/maumsanchaek
전자우편 | maum@maumsan.com

ISBN 978-89-6090-680-8 03680

* 이 저술은 2018년 대한민국 교육부와 한국연구재단의 지원을 받아
  수행된 연구임 (NRF-2018S1A5B8068919)

* 책값은 뒤표지에 있습니다.

자신만의 세계를 만들어가는 그 길 위에서
'우리 유니버스'가 등장했다.
이 우주가 숨기고 있는
또 다른 별과 만날 날을 기다린다.

■ 일러두기

1. 단편소설, 기사 등의 제목은 「 」로, 책 제목은 『 』로, 영화명, 잡지명 등은 〈 〉로 묶었다.

2. 외국 인명, 독음 등은 외래어 표기법을 따르되 관용적인 표기와 동떨어진 경우 절충하여 실용적 표기를 따랐다.

3. 1부의 각 인터뷰에서 감독명이 처음 등장하는 경우 '감독' 명칭을 표기하고 이후에는 생략했다.

4. 영화 제목과 제작 연도는 한국영화 데이터베이스(KMDB)의 정보를 바탕으로 표기했다.

5. 사전에 저작권자의 허가를 얻지 못한 사진은 저작권자와 연락이 닿는 대로 사용 허가 절차를 밟을 예정이다.

"영화 전체의 에너지는
이 여성이 클리셰가 되기를 거절하는 순간,
더 이상 시선의 대상이기를 원치 않고
대신 다른 이들을 바라보고자 하는
그 순간에 집중되죠."●

_아녜스 바르다

때로는 상상력이 모든 것이다. 지금 여기에서 조금 더 나아갈 수 있을까 없을까 주저할 때, 기어코 그 한 뼘을 밀어내는 것은 결국 상상력의 힘이다.

그래서라고 생각한다. 2015년 페미니즘 리부트 이후 여성들은 대중문화가 세상을 묘사하고 이야기를 부여하는 방식에 적극적으로 질문을 던졌다. 뉴스도, 영화도, 예능도, 온통 전형적인 여성과 뻔한 남성의 이야기로 가득 차 있던 시기,

● 제퍼슨 클라인 엮음, 『아녜스 바르다의 말』, 오세인 옮김(마음산책, 2020), 14쪽

이제는 좀 다른 서사를 보고 싶고, 상상하고 싶고, 또 살아내고 싶다고, 떠들었다. 담론의 장을 가득 채운 열망은 영화를 만드는 이들에게도 가닿았다. 한 여성감독은 이렇게 말했다. "그러게요, 왜 나는 지금까지 남자들의 이야기만 상상했을까요?" 종종 감독 본인이 담론을 다채롭게 만드는 대중 그 자신이기도 했다.

그렇게 새로운 국면이 열렸다. 무언가 다른 것을 원하는 이들의 목소리가 영화에 영향을 미친 만큼이나, 감독들이 공들여 만든 작품이 다시 그 목소리를 거들었다. 서로가 서로를 만나고 연결되면서 '여성영화'의 자장은 점점 확장되었다. 한 편 한 편의 작품은 독자적이지만, 그런 고유함들이 연결되고 주저하지 않는 말들과 만나면서 끝을 가늠할 수 없는 우주, 깊고 넓은 여성영화 유니버스를 형성해나갔다. "참 잘 만든 영화죠, 그런데요……"가 아니라 "참 좋은 영화죠, 참 좋은 영화예요"로 설명이 충분한 작품들이 쌓이면서 나 역시 보태고 싶은 말이 많아졌다. 그래서 쓰기로 했다, 이토록 풍부한 여성영화의 세계에 대해서. 그때가 2019년이었다.

1부 '만남'에서는 2019년에서 2020년 사이에 극장을 통해 장편 극영화를 선보인 여성감독을 인터뷰하고 그의 작품들에 대해 썼다.

처음에는 개봉작 한 편에 대해 깊이 있게 소개하려고 했다. 하지만 필모그래피를 훑고, 인터뷰를 준비하고, 대화를 나누면서, 결국은 한 편의 영화가 아니라 감독들의 작품 세계 자체를 다룰 수밖에 없었다. 그의 영화적 시간 위에서 흐르는 서사외 이미시들, 캐릭터들, 대사들, 그 안에서 전하고 싶었던 메시지들…… 감독과 대화를 나누다보면 그 모든 것들이 포개진 위로 하나의 세계가 마치 성좌처럼 떠올랐다. 김도영, 윤가은, 김보라, 장유정, 임선애, 안주영, 유은정, 박지완, 김초희, 한가람, 차성덕, 윤단비, 이경미. 이 이름들은 때로는 사랑스럽고, 때로는 난폭하며, 때로는 도전적이고, 때로는 위로가 되는, 그리고 완전히 창조적인, 다종다양한 이야기가 담긴 별자리들이었다.

하지만 이 열세 명의 이름이 완성된 리스트가 아니라는 점은 밝혀두어야 할 것 같다. 정해진 지면의 테두리와 역량 부족으로 놓친 이름들이 있다. 독자들께서도 '반드시 있어야 하는데, 빠졌네' 싶은 이름이 있을 것이다. 이 이름들의 조합이 나에겐 최선이지만, 전부는 아니다. 나의 리스트에 여러분의 리스트가 덧붙여진다면 좋겠다.

2부 '역사'에서는 한국 상업영화의 전환을 이끌었던 여자들의 역사, 그중에서도 1990년대 초반부터 2000년대 중반까지의 역사에 대해 간략하게 정리했다. 여기서 다룬 15년 정도의 시간은 한국영화에 있어서 중요한 전환기였다. 이 시기에 역동적인 변화를 만들어내면서 한국영화의 새로운 성장을 이끌었던 여성영화인과 페미니스트 영화이론가들은 그야말로 남초 공간이었던 영화판의 유리천장을 녹여낸 선구자들이었다. 1부의 만남을 가능하게 한 전사前史라는 의미에서 '프리퀄'이라는 이름을 붙였다.

다만 책 전반에서, 다큐멘터리와 실험영화의 세계는 전혀 건드리지 못했다. 책의 기획이 그러하기도 했지만, 내가 그 분야에 영 무지하기 때문이다. 언젠가 부족함을 메울 기회가 있기를 바란다.

책이 소개하는 대부분의 영화를 함께 본 이지원에게 고맙다. 종종 생각지도 못했던 부분을 살피게 해주었다. 타인이 지옥이라기보다는 우주라는 사실은 부모님께 배웠다. 무엇보다, 이야기에 대한 나의 취향은 박정남 여사 옆에서 영화를 보았던 그 시간들로부터 자라났다.

평생 사랑했던 단 한 가지를 꼽으라면, 그건 역시 영화다. 원 없이 사랑할 수 있는 기회를 허락하신 열세 명+의 감독님들께 감사드린다.

마지막으로, 그 사랑을 여러분과 나눌 수 있어서 좋다. 나는 쓰는 사람이므로, 쓰는 것만이 독자들께 감사를 표하는 유일한 길이다.

2021년 6월
광화문에서 손희정

차례

책머리에 7

1
만남 **우리가 사랑한 감독들**

사실은, 그런 여자들이 있어 **17**
〈82년생 김지영〉 김도영 감독

소녀들의 시간은 풍부하다 **31**
〈우리집〉 윤가은 감독

어쩌면 사랑이 우리를 구원할 거야 **45**
〈벌새〉 김보라 감독

이토록 웃기고 이토록 인간적인 **57**
〈정직한 후보〉 장유정 감독

'올드 레이디'의 이야기 **71**
〈69세〉 임선애 감독

여름 햇살 아래 소년은 푸르다 **85**
〈보희와 녹양〉 안주영 감독

유령이 인간을 구할 때 **99**
〈밤의 문이 열린다〉 유은정 감독

내가 당신을 본다 113
〈내가 죽던 날〉 박지완 감독

읽어내기를 유혹하는 영화 129
〈찬실이는 복도 많지〉 김초희 감독

욕망하라, 다르게 143
〈아워 바디〉 한가람 감독

말 못 할 사정, 하나쯤 155
〈영주〉 차성덕 감독

잃어버린 것들이 머무는 곳 169
〈남매의 여름밤〉 윤단비 감독

낯설고 친밀한 '여자-사람'들의 세계 183
〈보건교사 안은영〉 이경미 감독

2
역사 한국영화의 전환을 이끌었던 여성들 197
1990~2000년대 여성영화 프리퀄

참고문헌 239
사진 저작권 및 출처 240

1

만남 **우리가 사랑한 감독들**

김
도
영

사실은,
그런 여자들이 있어

연출작

<가정방문>(2012)
<낫씽>(2014)
<자유연기>(2018)
<낙타들>(2019)
<82년생 김지영>(2019)

단편까지 포함해 25편이 넘는 작품에 출연한 베테랑 배우이
자 감독이다. 이혼한 여자의 회복과 자아 찾기 과정을 따라
가는 이숙경 감독의 〈어떤 개인 날〉(2008)에서 주인공 보영
역을 맡아 인상적인 연기를 선보이면서 그해 부산영화평론
가협회상 신인여우상을 수상했다. 독박 육아에 시달리는 연
극배우의 이야기를 담은 단편 〈자유연기〉가 서울국제여성영
화제, 미장센단편영화제 등 국내 유수의 영화제에서 화제를
불러일으키면서 감독으로서도 주목받기 시작했고, 이를 계
기로 〈82년생 김지영〉의 연출을 맡게 됐다. 이 작품으로 백
상예술대상, 춘사영화제 등에서 신인감독상을 수상했다.

"지영이의 고통은 단지 아이가 울어서라거나,
못된 남편, 못된 시어머니 때문이 아니다.
남들 보기에는 좋은, 혹은 '정상'이라고 불리는 가정.
그 이면에도 여성을 소외시키는
구조가 있음을 보여주고 싶었다."

"색이 구별되지 않는 세계에서 각각의 색을 구별할
수 있게 되듯이, '당신이 스쳐 지나간 사람도 사실은
이런 이야기를 품고 있어, 그런 여자들이 있어'라는
걸 보여주고 싶었다. 무엇보다, 나처럼 원작을 읽고
의미를 발견했던 독자를 배반하지 않는 영화를 만들
고자 했다."

베스트셀러, 아니 그 이상의 의미를 가지면서 일종의 사
건이 된 소설 『82년생 김지영』(조남주)을 영화화하면서 하
고 싶은 이야기가 무엇이었냐는 질문에 김도영 감독은 이렇

게 답했다.

제작 발표를 한 지 1년 만인 2019년 10월, 영화 〈82년생 김지영〉이 개봉했다. 영화를 둘러싸고 많은 말들이 뜨겁게 오고 갔다. 그 안에는 개봉 전부터 시작된 별점 테러도 있었고 지지의 목소리도 있었다. 영화에 대한 호평과 혹평이 공존했다. 뭐가 되었건 〈82년생 김지영〉 덕분에 사람들과 나눌 수 있었던 대화들은 소중했다. 영화는 여성서사뿐만 아니라 한국 페미니즘에 대한 담론을 풍부하게 할 수 있는 장을 열어주었다. 그 한가운데 있었던 감독 김도영은 어땠을까? 함께 나눌 이야기가 많을 것 같았다.

〈자유연기〉에서 〈82년생 김지영〉까지, 픽 하고 퓨즈가 나간 순간

최근 우리를 들뜨게 했던 대개의 여성감독 작품들과 달리 〈82년생 김지영〉은 거대 투자배급사가 붙은 상업영화다. 화제성이 큰 작품인 데다가 신인감독이 메가폰을 잡았으니, 투자사와 제작사의 개입이 만만하지 않았을 터다. 김도영은 어디까지 자신의 색을 살리고 어디에서 멈춰 서야 했을까 궁금했다. 하지만 그의 이름을 알린 계기가 되었던 단편 〈자유연기〉를 보고 나서야 알았다. 〈82년생 김지영〉은 확실히 김도영의 영화였다.

〈자유연기〉는 30대 배우 '지연'(강말금 분)의 이야기다. 그는 출산 후 육아로 정신없는 나날을 보내고 있는 와중이다. 마찬가지로 배우인 남편은 말마 '돕겠다'고 할 뿐, 그서 제 한 몸 살피기도 힘들다. 그러던 어느 날, 지연은 유명 감독이 새로 들어가는 영화에 오디션을 보러 오라는 전화를 받는다. 하지만 딱 반나절, 대신 아이를 봐줄 사람을 찾는 일이 쉽지가 않다. 우여곡절 끝에 참여한 오디션 분위기는 실망스럽고……. 영화의 마지막, 지연은 카메라 앞에서 자신의 답답함을 '자유연기'로 쏟아낸다. 최근 〈찬실이는 복도 많지〉로 주목을 받고 있는 강말금 배우가 이 장면을 원쇼트

〈자유연기〉 스틸 컷

로 끌고 가면서 체호프의 「갈매기」에 등장하는 니나의 대사를 읊는 이 독백 장면은 그야말로 대단하다.

김도영 본인의 경험을 바탕으로 한 〈자유연기〉와 원작이 있는 〈82년생 김지영〉은 꽤 다른 영화지만, 놀라울 정도로 닮은 부분이 있다. 그건 바로 스크린 위로 스며 나오는 지연과 지영의 정서다. 일상을 정신없이 살아가다가 어느 순간에 '픽' 하고 퓨즈가 나간 듯, 갑자기 모든 것이 멈춘 것 같은 순간. 그러나 그건 그저 하나의 표정, 하나의 장면이 아니다. 그 안에는 어떤 식으로도 충분히 언어화할 수 없는 공허함과 불안의 정서가 녹아 있다. 이야말로 〈82년생 김지영〉에서 우리가 봐야 했던 '바로 그것' 아니었을까.

〈82년생 김지영〉 스틸 컷

지영이가 일어선 자리에
또 다른 지영이가 앉다

하지만 그런 정서의 포착이 이 영화의 모든 것은 아니다. 김도영이 〈82년생 김지영〉 프로젝트에 합류했을 때 시나리오 초고가 나와 있었고, 김지영 역에 정유미, 정대현 역에 공유라는 화려한 라인업으로 주연배우 캐스팅도 끝난 상태였다. 이미 마무리된 세팅의 장점을 최대한 살리고, 여전히 부족한 부분은 보충하면서, 김도영은 자신의 영화를 만들어 갔다. 특히 영화만이 보여줄 수 있는 디테일을 구성하면서 원작 소설에 등장하는 대사와 사건들에 '영화적 숨'을 불어넣었다.

〈82년생 김지영〉에는 사소해 보이지만 나도 모르게 사로잡히는 순간들이 있었다. 지영(정유미 분)이 유아차를 끌고 나와 공원 벤치에 앉아 커피를 한 잔 마시다가 "남편이 벌어다주는 돈으로 편하게 살아서 좋겠다"는 소리를 듣고 자리에서 떠나는 장면도 그랬다. 유아차를 밀면서 일어선 지영은 마찬가지로 유아차를 밀며 다가오는 여자와 가벼운 눈인사를 주고받는다. 그리고 그 장면에서 컷이 바뀐다. 그 묵례의 순간이 좋았다고 말하자, 김도영이 설명했다.

"지영이가 일어선 그 자리에 다가온 그녀가 앉을 것

〈82년생 김지영〉 촬영 현장

이다. 그리고 같은 자리에서 그 역시 같은 혐오 발언
을 듣게 될 거라는 생각을 했다."

  놀라웠다. 소설 속 '김지영'은 구체적인 얼굴을 지움으로
써 보편성을 획득한 존재다. 영어, 일이, 중국어 등 다양한
번역본이 출간됐지만, 거의 모든 판본의 표지에 김지영의
얼굴이 없는 건 그 때문이다. 영화는 그 텅 빈 자리에 어떻
게든 한 개인의 얼굴을 부여하기 위해 고심했다. 그러나 동
시에 가벼운 몸동작 하나로 지영의 경험은 다시 보편의 경
험으로 연결된다.

  "영화에서 딸 아영이가 딱 한 번 운다. 아이를 키우
  다 보면, 아이가 운다는 게 얼마나 힘든 일인지 알게
  된다. 하지만 지영이의 고통은 단지 아이가 울어서라
  거나, 못된 남편, 못된 시어머니 때문이 아니다. 남들
  보기에는 좋은, 혹은 '정상'이라고 불리는 가정. 그
  이면에도 여성을 소외시키는 구조가 있음을 보여주
  고 싶었다. 그래서 아영이도 많이 울게 하지 않았다."

  〈82년생 김지영〉은 확실히 '개인적인 것이 정치적인 것'
임을 이미지화하는 세밀한 설정들에 강하다. 무엇보다 영화

가 정성과 시간을 들여서 지영의 가사노동을 카메라에 담는 것은 인상적이다. 지영은 쉴 새 없이 움직이면서 상을 차리고, 치우고, 청소를 하고, 빨래를 갠다.

흥미로운 건 남편 대현(공유 분)은 거의 움직이지 않는다는 점이다. 김도영은 "사람들이 가사노동을 '쉰다'고 생각하는 것에 화가 났다"고 말했다. 그래서 영화는 집 안에서의 젠더 배치를 통해 돌봄노동은 '쉬는 것'도 '노는 것'도 아니라는 사실을 보여준다. 그렇게 지영은 '가부장제의 여자'로, 대현은 '가부장제의 남자'로 성별화된다.

〈82년생 김지영〉이 '참여형 영화'가 된 건 이런 디테일들 덕분이었다. 어느 날 김도영은 영화를 보고 나온 친구의 전화를 받았다. 친구는 육아 때문에 조조 영화를 보러 갔는데, 아침부터 극장에 여자들이 가득 차 있었다고 했다. 친구가 말했다. 영화 시작부터 관객들이 서로 대화를 나누면서 영화를 보더라고.

"시어머니가 지영에게 선물을 내미는 장면이 있다. 한 관객이 '저거 장바구니 아니야?'라고 말했고, 다른 관객이 '나도 장바구니 받았어' 하고 답했다더라. 또 영화를 보다가 사람들이 울기 시작했는데, 두루마리 휴지가 객석을 돌다가 친구에게까지 오기도 했다."

<82년생 김지영> 스틸 컷

〈82년생 김지영〉은 다른 영화에 비해 조조 관람률이 높은 작품이었다. 주말 현매는 크게 오르지 않아도 평일 예매는 꾸준했다. 영화관에 가서 즉흥적으로 선택하는 영화라기보다는, 보기 위해서 미리 계획하고 찾아오는 영화라는 의미다. 그렇게 시간을 내서 모여 앉은 여성관객들이 영화를 보면서 서로 대화를 나눴다. 확실히 영화 〈82년생 김지영〉에는 각자의 이야기를 끌어내는 힘이 있었다.

"〈82년생 김지영〉과 함께 나 역시 변화했다"

"부족함이 있었을 수도 있지만, 〈82년생 김지영〉은 자신의 몫을 충실히 해낸 것 같다. 하지만 '내가 좀 더 급진적인 이야기를 했다면 그다음은 어떻게 됐을까' 이런 궁금증이 움트기 시작했다. 내가 뭔가 깨달아서 작품을 했다기보다, 만들면서 깨달았고, 또 작품이 자기 생명을 가지고 움직이면서 나 역시 함께 변화했다. 나는 여전히 과정 중에 있다."

다음에는 어떤 작업을 하고 싶냐고 묻자, 김도영이 한 말

이다. "〈82년생 김지영〉을 했다고 해서 그다음에 꼭 여성서
사를 하지 않아도 괜찮다, 꼭 사회적 이슈를 다루지 않아도
괜찮다"는 선배의 조언에 오히려 마음이 편안해졌다고도 덧
붙였다. 의무감에서가 아니라 자신이 하고 싶은 걸 할 수 있
다면, 그렇다면 그건 여전히 여성의 이야기라고.

　그의 다음 작품이 무엇일지 우리는 아직 알 수 없다. 나는
어떤 이야기여도 상관없겠다고 생각한다. 그는 자신이 만든
영화 안에서도 무언가를 배워 그다음을 꿈꾸는 사람이다.
그 태도가 나를 설레게 한다.

소녀들의 시간은
풍부하다

연출작

<사루비아의 맛>(2009)

<증명>(2010)

<손님>(2011)

<콩나물>(2013)

<우리들>(2016)

<우리집>(2019)

단편 <사루비아의 맛>을 시작으로 2019년 개봉한 장편 <우리집>에 이르기까지 꾸준하게 소녀들의 시간과 모험을 그려내면서 '우리 유니버스'를 열었다는 평가를 받는다. 아빠의 애인 집을 찾아간 중학생의 이야기 <손님>으로 2012년 클레르몽페랑 단편영화제 국제경쟁부문 대상을 수상하고, 일곱 살 소녀가 콩나물을 사러 가는 여정을 담은 단편 <콩나물>로 2014년 베를린국제영화제 단편영화 수정곰상을 받았다. 무엇보다 정성과 시간을 들여 아역 연기 연출에 임하는 윤가은의 태도와 노하우는 더 많이 공유되어야 한다. 장편 데뷔작 <우리들>로 청룡영화상 신인감독상, 백상예술대상 영화각본상 등을 수상했다. 여성영화인모임 창립 20주년을 기념하여 출간된 여성영화인 인터뷰집 『영화하는 여자들』(2020)에 참여했다.

"어린이의 세계를 묘사할 때,
그 감정에 쉽게 코멘트를 달고 싶지 않았다.
아이들의 마음은 모양이 아주 다양하다.
그걸 정확하게 그린다는 건
불가능한 일이다."

할아버지의 제삿날. 어른들이 부산스럽게 제사 음식을 준비하고 있다. 일곱 살 보리(김수안 분)는 뭐든 도움이 되고 싶다. 마침 콩나물 사는 걸 잊었다고 말하는 엄마. 보리는 아껴두었던 용돈 천 원을 꺼내들고 콩나물을 사기 위해 길을 나선다.

윤가은 감독의 단편 〈콩나물〉은 하루 동안 펼쳐지는 보리의 모험을 쫓아간다. 보리는 시장을 찾아 헤매면서 어려움에 처한 아주머니를 돕고, 또래 친구들과 신나게 놀다 다투고, 어르신들에게 막걸리도 한잔 얻어 마신다. 그리고 마침내 시장에 다다랐을 때, 보리는 무얼 사러 왔는지 잊어버린다. 보리가 임무를 완수했는가 아닌가는 중요하지 않다. 그가 처음으로 혼자 시장에 가는 도전을 했다는 것, 그렇게 마음껏 세계를 누비고 다녔다는 것이 중요하다. 우리는 보리에게서 활달하게 동네를 뛰어다녔던 〈우리들〉의 선이, 지아와 〈우리집〉의 하나, 유미, 유진의 모습을 본다.

하고 싶은 이야기를 하는, 모험

윤가은은 영화에서 "소녀들의 활동성을 포착하고 싶었다"고 말한다. 실제로 어린 소녀들은 "많이 뛰고, 동서남북으로 다닌다"는 것이다. 그 말을 듣고 보니 한국영화에서 나

〈우리들〉 스틸 컷

이와 상관없이 여성들이 얼마나 익숙하고 고정된 포즈로 물신화되는지, 그리고 더 멀리, 더 넓게 움직이는 남성들에 비해 좁은 공간에 매여 있는지를 떠올리게 된다. 확실히 윤가은의 소녀들은 특별하다. 물론 〈콩나물〉을 구상했던 건 '소녀의 모험'을 그리겠다는 목적의식 때문은 아니있다. 그보다는 오히려 자신의 작품 세계를 찾아가는 과정에서 발견한 '귀여운 이야기'에 가까웠다.

〈콩나물〉을 만들기 전, 윤가은은 학교 워크숍 작품으로 단편영화 〈손님〉을 연출했다. 〈손님〉에서 중학생 자경(정연주 분)은 아버지의 애인과 담판을 짓기 위해 그의 집으로 쳐들어간다. 하지만 애인은 없고, 어린아이 둘이 집을 지키고 있다. "애까지 딸린 여자가 잘하는 짓"이라고 중얼거리는 자경. 그러나 아이들과 한나절을 함께 보내면서, 그는 두 아이가 그저 '불륜녀의 아이들'이 아니라 자신만큼이나 고군분투 중인 '이복동생들'이라는 사실을 알게 된다. 결국 "너네 집도 우리 집만큼이나 엉망진창"이라는 걸 깨닫는 것이다. 자경의 혼란스러운 심경을 역동적으로 담아낸 이 작품은 클레르몽페랑 단편영화제에서 대상을 수상한다.

예상치 못하게 큰 상을 받고 나니, 그다음 작품이 문제였다. "진짜 잘 만들고 싶었다." 하지만 "하고 싶은 이야기"만 할 줄 알았지 "잘 만든다"는 것이 어떤 것인지 도통 알 수가

없었다. 세 번을 뒤엎고 겨우 써 간 시나리오를 보고 제작
수업 지도교수였던 이창동 감독이 말했다.

"나쁘지는 않아. 그런데 너는, 이 이야기를 믿니?"

윤가은은 그 질문에 매달렸다. 그리고 깨달았다. 내 안에
있는 무언가가 아니라, 외부에서 들어온 그저 "있어 보이는
무언가"에 대해 만들려고 했다는 것을. 그래서 대학생 때부
터 쭉 써왔던 노트 열 권을 찬찬히 뒤졌다. 그 안에서 발견
한 것이 〈콩나물〉의 아이디어였다. 한 소녀가 심부름을 갔
다가 실패한다. 하지만 그 과정만은 참 재미있었다는 이야
기. 그 안에서 자신의 모습을 봤다. 그래서 생각했다.

"실패해도 괜찮다. 대단한 걸 만들지 않아도 괜찮다.
내가 하고 싶은 이야기를 재미있게 하자."

소녀가 자신의 시간을 살고 자신의 공간을 넓히는 영화
〈콩나물〉은 그렇게 탄생했다. 그리고 베를린국제영화제에
서 수정곰상을 수상한다.

마음의 모양은 다양하다

'우리 유니버스'. 윤가은의 영화를 좋아하는 관객들이 〈우리들〉과 〈우리집〉 두 편의 영화에서 펼쳐지는 영화 세계를 부르는 이름이다. 이 영화 세계는 윤가은의 첫 단편이었던 〈사루비아의 맛〉에서부터 서서히 움트고 있었다. 윤가은의 작품에선 언제나 10대 여성이 주인공이다. 그리고 '이상한 나라'를 들쑤시고 다니는 앨리스처럼 소녀들은 일정한 기간 동안 토끼 굴 속을 돌아다니며 사건을 일으키고, 변신을 하며, 어디엔가 도착한다. 두 친구의 관계를 그린 〈사루비아의 맛〉은 〈우리들〉로 녹아들고, 보리가 낯선 세계로 떠나는 〈콩나물〉과 아버지의 애인의 집으로 무작정 찾아가는 〈손님〉은 〈우리집〉과 연동된다. 그리고 〈우리들〉과 〈우리집〉은 서로 만나기도 하고, 헤어지기도 한다. 그렇게 다섯 줄기의 소녀들의 시공간은 '우리 유니버스'를 다채롭게 확장해왔다.

'우리 유니버스'는 음악을 별로 사용하지 않는다. 음악은 어떤 영화적 장치보다 인물의 감정을 쉽게 고양시키고, 그걸 바라보는 관객의 감정을 특정한 방향으로 유도한다.

> "어린이의 세계를 묘사할 때, 그 감정에 쉽게 코멘트를 달고 싶지 않았다. 아이들의 마음은 모양이 아주 다양하다. 그걸 정확하게 그린다는 건 불가능한 일

〈우리집〉 촬영 현장

이다. 그런데 음악을 붙이면 감정이 결정되어버린다."

그래서 동시녹음 감독과 믹싱 감독이 고생이 많다며 윤가은은 웃었다. 매미 소리나 숨소리같이 아이들이 존재하는 장소의 공간성을 자연스럽게 드러내는 앰비언스로 사운드를 채워야 하기 때문이다. 공들인 앰비언스 디자인이 관객들을 '그 시절/그 장소'로 끌어당긴다. 그렇게 한 가지로 특정된 감정이 아니라 복잡한 마음을 빚어내는 마법이 '우리 유니버스'에서 펼쳐진다.

관객이 아이들의 마음과 접속하여 공진共振하게 만드는 또 하나의 미학적 장치는 카메라의 눈높이다. 윤가은은 카메라의 아이레벨Eye Level, 카메라 렌즈의 눈높이을 아이들의 눈에

〈콩나물〉 스틸 컷

맞추고, 고집스럽게 아이들의 시선을 따라간다.

> "관객들이 이 친구들을 지켜보는 게 아니라 함께 체
> 험하게 하고 싶었다. 내 영화는 모두 1인칭이다. 주인
> 공이 모든 장면에 등장한다. 관객들은 주인공이 보
> 는 딱 그만큼만 볼 수 있다. 그래서 아이레벨이 중요
> 하다."

그러나 '우리 유니버스'가 관객의 마음을 두드리는 건, 아
마도 윤가은이 영화에 진심이기 때문일 터다.

그에게 "왜 이런 이야기를 떠올렸나" "어떻게 이런 영화를
만들게 되었나" 같은 시시(하지만 물을 수밖에 없기도)한 질
문을 던질 때마다 돌아온 대답은 "모르는 걸 아는 척할 수가
없어서"였다. 그 역시 한국사회가 "진짜 영화답다"고 평가하
는 '좀 더 큰' 영화를 만들어보려고 했다. 하지만 그런 시도
는 뜻대로 되지 않았고, 매번 "내 안에 있는 이야기"로 돌아
올 수밖에 없었다. 거짓말을 할 수 없었기 때문이다.

그런 의미에서 윤가은의 작품들은 자전적이다. 그 '자전'
은 꼭 본인이 직접 경험한 사건만을 의미하지 않는다. "나를
둘러보고, 나에게 관심을 가졌을 때에야 비로소 할 수 있는
이야기"에 더 가깝다.

끝까지 영화를 만들 것

윤가은에게 '여성감독'이라는 지칭은 하나의 레이블이라기보다는 자연스럽게 받아들인 창작 활동의 지반이자 원천이다. 중학생 때부터 영화감독을 꿈꿨던 그는 영화를 하기 위한 길을 오랫동안 탐색해왔다. 그때 롤모델로 삼았던 것이 이정향, 임순례 같은 여성감독들이었다. 프랑스 파리에 여행을 갔을 때 임순례 감독이 유학했던 영화학교 교정을 찾아가 그곳을 둘러볼 만큼 그를 동경했다. 영화를 시작하기 전부터 '여성감독' 정체성을 가지고 있었다는 말이다. 궁금했다. 어째서 '감독'이 아니라 '여성감독'을 꿈꿨을까?

"그게 유일하게 공감할 수 있는 길이었기 때문 아니었을까? 여성 선배가 아니라면 처음부터 나와 시작하는 위치가 다르다고 생각했다. 아무리 훌륭한 남성감독이 있다고 하더라도, 내가 그 역사를 살 수는 없다."

영화 공부를 시작하고서는 린 램지, 안드레아 아널드 같은 영국 여성감독들의 작품에서 영향을 많이 받았다. 그는 "선배들에게 빚진 것이 많다"고 말했다. 그리고 "나 역시 끝까지, 많이 만들어서, 그런 선배가 되고 싶다"고 덧붙였다.

선배 여성감독들을 따라 자신만의 세계를 만들어가는 그 길 위에서 '우리 유니버스'가 등장했다. 이 우주가 숨기고 있는 또 다른 별과 만날 날을 기다린다.

김보라

어쩌면 사랑이
우리를 구원할 거야

연출작

<계속되는 이상한 여행>(2002)

<빨간 구두 아가씨>(2003)

<귀걸이>(2004)

<리코더 시험>(2011)

<벌새>(2018)

음악 시간 리코더 시험을 준비하는 초등학생 은희에 대한 이야기 <리코더 시험>으로 컬럼비아대 대학원 영화학과를 졸업했다. <리코더 시험>을 사랑했던 관객들이 마음에 품었던 "1988년의 은희는 어떻게 자랐을까?"라는 질문이 씨앗이 되어 1994년 중학생 은희의 이야기 <벌새>가 탄생했다. 국내에서 '<벌새> 신드롬'을 일으켰던 이 작품은 제69회 베를린국제영화제 제너레이션 14플러스 부문 그랑프리를 비롯, 전 세계적으로 각종 영화제와 시상식에서 50여 개가 넘는 상을 수상했고, 미국의 영화 사이트 로튼토마토에서 신선도 100퍼센트의 평가를 받았다. 각본집『벌새』(2019)를 출간했고, 최근 김초엽 작가의 SF 소설「스펙트럼」을 원작으로 한 영화를 준비하고 있다.

"나는 (…) 깨달았다.
스스로를 충분히 이해하는 사람이야말로
인간을 이해할 수 있다는 걸.
나는 내 고통에 공감하고 그에 마음을 기울였지만,
그것만이 특별하다고 여기지 않는다.
우리 모두는 연결되어 있다."

"우리는 고통과 슬픔에서 달아난다고 생각하지만, 많은 경우 아름다움과 기쁨으로부터 달아난다. 아름다운 것보단 스트레스와 고통이 더 익숙한 옷이기 때문이다." 김보라, 「아름다움으로부터 떠남」, 〈엘르〉, 2020.4.

한 잡지에 기고한 글에서 김보라 감독은 이렇게 썼다. 이 글은 〈벌새〉와 닮았다. 불행보다는 행복이 더 두려울 때가 있다는 그는 스스로에게 관대해지고 싶고 일상의 반짝이는 순간을 즐기고 싶다는 말로 글을 마무리한다. 열다섯 살, 여중생, 1994년 성수대교 붕괴, 사랑하는 이의 죽음. 〈벌새〉를 설명하는 몇몇 개의 키워드는 이 작품이 통증(성장통)에 대한 기록일 것이라는 인상을 주지만, 그보다는 '끝내 사랑함'에 대한 영화다. 궁금했다. 익숙한 고통 속으로 도망치는 것보다 기어이 아름다운 것들을 발견하고자 하는 그는 어떤 사람인가. 그렇게 김보라를 만났다.

"삶은 참 신기하고 아름답다"

〈벌새〉를 여러 번 보았다. 그때마다 좋아하는 장면이 달라졌다. 인터뷰를 준비하면서 마지막으로 다시 보았을 때에는 한 시퀀스가 끝나고 다른 시퀀스로 넘어가는, 프레임과 프레임 사이에 존재하는 단절의 순간에 매혹되고 말았다. 영화의 중반부쯤이다.

침샘에 생긴 혹을 절제하기 위해 입원하던 날. 은희(박지후 분)는 한문 학원 선생님인 영지(김새벽 분)를 만나러 간다. 선생님이 너무 좋다는 고백과 함께 영지에게 와락 안기는 은희. 그리고 컷이 바뀐다. 바로 이어지는 장면은 수술 직후 마취에서 깨어나는 은희의 얼굴 클로즈업이다. 세상이 멈추기라도 한 것처럼 천천히 흐르는 시간. 앞으로 은희에게 닥쳐올 상실을 암시라도 하는 듯이, 그의 일부분이었던 혹은 '쓰레기통'으로 사라진 후다.

이 장면들의 연결은 놀라운 리듬감을 선사한다. 김보라는 장면들을 자르고 이어 붙이는 편집 과정에 대해 "수학적으로 정확하게 계산된, 오랜 훈련을 통해 습득한 영화적 테크닉의 결과"라고 말한다.

"나의 호흡과 같은 리듬으로 장면들을 이어 붙인다."

흥미로운 것은 이 장면에서만큼은 호흡이 '흡' 하고 멈춰진다는 것이다. 그리고 하나의 장면은 다음 장면으로의, 어쩌면 실패할지도 모르는 위험한 도약을 시도한다.

안기는 장면도, 눈을 뜨는 장면도 아닌, 그 사이에 존재하는 단절의 순간에 이토록 사로잡힌 것은, 그것이 벅차오르는 사랑과 아득한 상실 사이에 존재하는 좀처럼 포착하기 어려운 순간이기 때문이다. 찰나이면서도 심연과도 같이 쩍 벌어진 틈새. 영화를 여러 번 보고 난 뒤에야 이 틈새가 결국 130여 분에 달하는 영화의 러닝타임이 잡아내고 있는 정서의 중요한 부분이라는 느낌이 들었다. 김보라는 이 간격을 연속적인 시간 속으로 서사화하면서 뜨거운 드라마를 완성했다.

영화의 끝, 은희는 그 틈새를 충분히 살아냈기 때문에 "삶

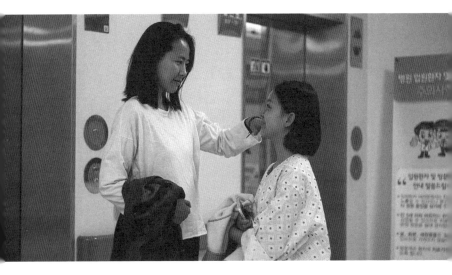

〈벌새〉 촬영 현장

은 참 신기하고 아름답다"는 영지의 말과 다시 만나게 된다. 지긋지긋한 일상, 소통의 실패, 상실, 그리고 고통 속에서도 우리는 여전히 삶을 사랑한다는 그 두려운 사실을 영화는 회피하지 않는다. 엔딩이 놀라웠던 이유다.

온전한 미움 끝에 찾아온 사랑

이 드라마 안에는 '사랑과 상실'만큼이나 온갖 이질적인 것들이 함께 꿈틀거린다. 따뜻함과 폭력이, 열정과 피곤이, 두려움과 도발이 뒤엉켜 있는 시공간. 그것이 열네 살 소녀의 시공간이다. 그에 대한 묘사는 또 어찌나 생생한지, 후각이 자극되는 착각이 든다. 은희의 첫 키스에서는 비릿한 숨냄새가, 은희가 영지에게 안기는 순간 창밖으로 흔들리는 나뭇가지 사이로는 여름의 찐득한 풀내음이, 지숙이와 방방이(트램펄린)를 타는 장면에서는 달콤쌉싸름한 달고나 향이 풍긴다. 이 글을 읽고 있는 당신은 '아, 그래? 그 장면에서 그런 냄새를 느꼈다고?' 싶을지도 모르겠다. 그러니까 영화를 보면서 특정한 냄새를 느끼는 건 은희와 비슷한 경험을 했던 나의 기억 다발 일부에 그것들이 새겨져 있기 때문일 뿐이다.

1994년 강남 대치동에 사는 중학생 은희의 이야기는 이렇게 다양한 사람들의 삶에 강렬하게 접속했다. 그 시절을 풍미했던 대중가요나 친구들끼리 돌려 읽던 만화책 같은, 〈벌새〉의 꼼꼼한 시대적 디테일 때문만은 아니다. 그건 세월로 포장해서 의식의 저 아래에 묻어놓은 것들을 파내기 위해 자신과의 집요한 싸움에서 한 발자국도 물러나지 않았던 김보라였기에 가능했던 일이다. "구체성이 보편성을 획득한다." 그가 작업할 때 염두에 두었던 말이다.

김보라는 자신과의 대면에만 충실했던 것이 아니다. 그가 맺고 있는 관계에도 충실했다.

> '나'를 직면했다. 가족들과도 해묵은 모든 갈등까지 송두리째 없애겠다는 일념으로 싸우고 화해했다. 가족들은 내게 이제 그만하자고 너무 후벼 파지 말자고 했다. 하지만 나는 묻고 또 묻고, 싸우고 또 싸웠다. (…) 우리는 평화로웠던 관계를 다시 부수고 세워가며 대화를 나눴다. 가짜 평화와 거짓을 파헤치고, 숨어 있는 어두움을 부수고 또 부쉈다. 김보라, 『벌새』(아르테, 2019), 9~10쪽

〈벌새〉를 쓰고 찍었던 과정에 대한 묘사다. 이어서 그는

덧붙인다.

> "놀랍게도 온전한 미움 끝에 찾아온 것은 사랑이
> 었다. (…) 나는 그들이 혈연가족이라 사랑하게 된
> 것이 아니었다. 그들을 사랑할 만해서, 사랑하게
> 되었다."위 책. 10쪽

김보라의 고백은 사랑이란 차이를 봉합하는 말랑말랑하
고 안전한 단어가 아니라, 정확하게 분노하고, 불화를 회피
하지 않으며, 끝까지 대면한 후에야 이르게 되는 변화의 가
능성이자 공존의 기술이라는 사실을 보여준다. 그러므로 사
랑이야말로 무엇보다 정치적인 행위다.

너와 나, 우리 모두의 은희로

〈벌새〉는 지금까지 사소하게 여겨져왔던, 그렇게 카메라
의 사각지대에 놓여 있었던 '소녀의 시간'에 이름을 붙이고
이야기를 부여해서 이를 공적 서사로 만들어냈다. 그래서
"가장 보편적인 은희"라는 영화의 소개 문구와 '자전적'이라
는 말이 만나는 그 순간이 좋았다. 소녀는 자라서 작가가 되

고, 작가는 자신의 경험과 기억이라는 발판으로 엮어낸 구체성 위에서 보편성을 쟁취해낸다. 보편을 증명하기 위해 '나, 김보라'라는 특수성을 버리지 않는 것이 '끝내 삶을 사랑하는' 용기와 맞닿아 있다.

특히 여성에게는 허락되지 않았던 자기로의 몰두, 나를 끝까지 설명해내는 열정, 그리고 그 과정 속에서 자신을 부숴 다음 단계로 나아가는 점핑. 〈벌새〉를 가능하게 했던 이 모든 에너지의 원천이 나르시시즘일 수도 있겠다는 생각이 들었다. 이에 대해 물었다. "가장 보편적인 은희"라는 말이 오히려 고유한 단독자로서 김보라의 나르시시즘을 상상하게 하는 역설에 대해 어떻게 생각하는지.

그는 동의하지 않으면서 반문했다. "나르시시즘이란 명명은 오히려 여성감독의 자아 탐구와 발견의 과정을 관습적으로 폄하하는 것은 아닌가?" 이 질문 앞에서 나는 멈춰 섰고, 스스로를 되돌아보았고, 그가 했던 말들을 곱씹어보았다.

> "나는 나에 대해서 오래 연구했다. 그 과정을 통해 깨달았다. 스스로를 충분히 이해하는 사람이야말로 인간을 이해할 수 있다는 걸. 나는 내 고통에 공감하고 그에 마음을 기울였지만, 그것만이 특별하다고 여기지 않는다. 우리 모두는 연결되어 있다."

이런 태도가 은희뿐만 아니라 수희와 지숙, 영지, 유리, 어머니, 그리고 아버지와 오빠조차도 생생한 캐릭터로 살아 있는 이유를 설명해준다. 여기서 '캐릭터로 살아 있다'는 말은 중요하다. 영화는 '자전적인 이야기'일 뿐, 자서전이 아니다. 김보라는 캐릭터를 만들고 생농감을 불어넣으며 고민했다. 영화가 은희의 이야기로만 끝나지 않을 길을 찾기 위해서.

덕분에 카메라가 은희의 내면을 포착하고 있을 때에도 관객들은 생각하게 된다. 아마도 은희보다 더 버거운 삶의 무게를 지고 있을 다른 이들에 대해서. 그렇게 영화는 스크린 밖에 숨겨져 있는 주변적인 인물들의 이야기마저도 궁금해하도록 이끈다. 그렇다면 "가장 보편적인 은희"는 수희일 수도, 지숙일 수도, 영지일 수도, 그리고 당신일 수도 있다. 그렇게 영화는 스크린을 넘어 확장된다.

인터뷰가 끝나고 나서도 우리는 영화에서 '그가 하고자 했던 것'과 '내가 보았(다고 생각했)던 것' 사이에 존재하는 간극에 대해 계속 이메일을 나누었다. 갈등을 외면하고 도망치는 것에 익숙한 나로서는 생경한 과정이었지만, 피하지 않으려고 노력했다. 그것이 내가 〈벌새〉, 그리고 작가 김보라에게서 배운 것이기 때문이다.

장
유
정

이토록 웃기고
이토록 인간적인

연출작
<김종욱 찾기>(2010)
<부라더>(2017)
<정직한 후보>(2019)

뮤지컬 연출가이자 영화감독이다. 한국예술종합학교 연극원에서 연출을 전공하고 2002년 〈송산야화: 호랑이 처녀 바람 났네〉를 무대에 올리면서 뮤지컬 극작가로 데뷔했다. 그가 대본과 가사를 쓰고 2006년 초연한 창작 뮤지컬 〈김종욱 찾기〉는 '소극장 로맨틱코미디 뮤지컬의 본좌', '창작 뮤지컬의 신화'라는 평가를 받는다. 〈오! 당신이 잠든 사이〉〈형제는 용감했다〉〈그날들〉 등 내놓는 작품마다 성공하면서 한국 창작 뮤지컬의 입지를 다졌다. 2010년 〈김종욱 찾기〉를 영화화하면서 감독 데뷔를 한다. 2017년에는 〈형제는 용감했다〉를 영화 〈부라더〉로 옮겼다. 2020년, 극장에는 〈정직한 후보〉를 걸고 무대에는 연극 〈더 드레서〉를 올렸다. 뮤지컬 각본집 『오! 당신이 잠든 사이』(2007)와 『김종욱 찾기』(전아리 공저, 2010)를 출간했다.

"이미 만들어진 틀 안에서
여성 인물을 변주하는 게 아니라,
캐릭터에 생명을 불어넣으려고 노력한다.
여자건 남자건, 사람은 복잡한 존재다.
스테레오타입에 갇힌 인물은
아무래도 좀 지루하지 않겠는가."

장유정 감독은 한국영화계에서 좀 특별한 위치에 있다. 스타 뮤지컬 감독으로 〈김종욱 찾기〉와 〈형제는 용감했다〉와 같은 자신의 흥행작을 영화로 옮겼다는 점도 그렇지만, 중간 예산 규모의 코미디 영화를 만들어 상업적으로 계속 성공하고 있다는 사실 역시 주목할 만하다.

그는 "작품을 통해 하고 싶은 바"를 고수하면서도, 주어진 조건 안에서 최선을 뽑아내고, 제작 예산과 프로덕션 스케줄을 맞추며, 작품의 대중성을 확보하기 위해선 언제나 열린 태도를 취하는 편이다. 현장에서 발휘하는 즉흥성과 유연함을 엿볼 수 있는 에피소드들을 들으며, 그가 어떻게 큰 영화와 작은 영화로 양극화된 한국영화 시장에서 자신만의 자리를 만들어왔는지 짐작할 수 있었다. 작품의 개성 역시 독보적이다. 그야말로 드물고, 따라서 소중하다.

새롭고 다양한 캐릭터와 배우들의 힘

나는 장유정의 영화를 좋아한다. 특히 돋보이는 건 생동감 있는 캐릭터와 마치 자기 자신인 것처럼 그 캐릭터들을 잘 살리는 배우들이다.

> "〈김종욱 찾기〉의 임수정, 〈부라더〉의 이하늬, 〈정직한 후보〉의 라미란. 세 배우가 캐스팅 제안을 받고 출연을 결정하는 데까지 걸린 시간은 다 합해도 일주일이 안 된다."

캐릭터와 배우에 대해 이야기를 나누던 중 장유정이 말했다. 그건 아마도 진부하거나 틀에 갇혀 있지 않은 여성 캐릭터가 배우들에게 가닿았기 때문이 아닐까.

> "내 작품에서 여자들이 대상화되지 않는 건 사실이

〈김종욱 찾기〉 스틸 컷

〈부라더〉 스틸 컷

다. 이미 만들어진 틀 안에서 여성 인물을 변주하는 게 아니라, 캐릭터에 생명을 불어넣으려고 노력한다. 여자건 남자건, 사람은 복잡한 존재다. 스테레오타입에 갇힌 인물은 아무래도 좀 지루하지 않겠는가."

〈김종욱 찾기〉의 서지우(임수정 분) 역시 전형적이지 않은 인물이다. 실패가 두려워 관계에서 늘 도망 다니던 서지우가 허당기 있는 한기준(공유 분)과 함께 첫사랑 '김종욱'을 찾아다니면서 성장하고, 마침내 진정한 사랑을 만난다는 영화의 얼개는 로맨틱코미디의 장르 관습에서 크게 벗어나지 않는다. 이 영화를 특별하게 만드는 건 캐릭터의 성격을 결정하는 디테일이다. 무엇보다 서지우는 한국영화에서 찾아보기 힘든 '일하는 여자'였다. 뮤지컬 무대감독인 그는 직장에서 연애를 하지 않는다. 일을 한다(한국 대중문화에서 이 얼마나 드문 상황인가!).

"무대감독은 (무대 위에서 펼쳐지는) 판타지와 (무대 밖에서 현장을 진행해야만 하는) 현실의 가장자리, 그 경계에 놓여 있는 사람이다. 첫사랑의 환상과 현실, 과거와 현재 사이에 있는 서지우를 보여주는 설정이었다. 한편으로, 무대감독은 기술직이면서 위험한 직종이기도 하다. 서지우는 옷차림부터 행동까지, 그 일의 성격에 맞게 움직이는 사람이다. 그건 '남성적' 이냐 '여성적'이냐의 문제가 아니다. 그 현실감을 살리기 위해 임수정 배우가 많이 노력했다. 정말 프로페셔널했다."

스스로 "배우 복이 좋다"고 평가하는 장유정은 〈부라더〉의 오로라 역을 근사하게 소화했던 이하늬에 대해서도 "어떤 것도 해낼 준비가 된, 훌륭한 배우"라고 말했다. 그랬기 때문에 "그 사람의 그릇에 비해 맡는 배역들이 한정적인 것은 아닌가 하는 고민"이 있었다. 오로라는 확실히 관객들에게 영화배우로서 이하늬의 가능성을 분명하게 각인시킨 캐릭터였고, 이 영화에서 보여줬던 이하늬의 재능과 가능성은 〈극한직업〉(이병헌, 2018)의 '장 형사' 역과 만나 대중의 폭발적인 호응으로 이어졌다.

〈부라더〉는 제목이 말해주다시피 두 형제의 이야기다. 안동 종갓집 장남으로 태어나 그 굴레를 벗어나고 싶었던 석봉(마동석 분)과 차남으로 태어나 '아들 대접' 한번 제대로 못 받고 자라 "장남이 되는 것이 꿈"이었던 주봉(이동휘 분)이 아버지의 장례를 치르기 위해 안동으로 돌아오면서 이야기가 시작된다. 두 형제는 평생 종갓집 법도를 지키느라 어머니를 고생시킨 아버지의 죽음에 별 슬픔을 느끼지 못한다. 다만 이 기회에 각자의 목표를 이루고 싶을 뿐이다. 전설 속 유물을 찾아 한몫 챙기려는 꿈에 정신이 팔려 있는 석봉은 집 안 어딘가에 묻혀 있다고 알려진 금동불상을 찾으려고 하고, 주봉은 회사에서 승진하기 위해 안동에 도로를 내는 일에 종친들의 동의를 받아야 한다. 이렇게 다른 속내를 품고 집으로 돌아오는 길 마을 초입에서, 두 사람은 '이상한 여자' 오로라를 만나게 된다.

영화는 안동 종갓집으로 대변되는 가부장제 시스템의 허상을 하나씩 하나씩 벗겨나간다. 그리고 곱디고운 양산을 들고 화려한 복색으로 21세기 안동 바닥을 누비는 젊은 여자 오로라의 비밀이 밝혀진다. 그는 종갓집 맏며느리로서 가부장제 문화의 '최전선'에서 어려운 시절을 살아야 했던 순례(성병숙 분)의 유령이었던 것이다. 젊은 시절의 모습으로 나타난 순례는 두 형제의 어머니이기도 했지만 동시에 남편 춘배와 애틋한 사랑을 나누었던 여자였고, 종부로서 가부장제 시스템을 재생산하고 유지하기 위해 고군분투해온 이이기도 했다.

자신이 누구인지, 여기가 어디인지, 또 무엇을 찾아 헤매고 있는지……. 오로라가 혼란스러워하는 것은 다양한 정체성이 겹친 존재인 순례의 생애와 결이 두터운 마음 때문이다. 이하늬는 이런 단순하지 않은 캐릭터에 생기를 부여하고 입체적인 모습을 살려냈다. 그의 당당한 신체성이 오로라 캐릭터의 존재감을 완성한 것은 물론이다.

여자가 '진실의 주둥이'를 가질 때

그리고 2020년, 〈정직한 후보〉가 개봉했다. 거짓말을 밥 먹듯이 하는 3선 의원 주상숙(라미란 분)이 '진실의 주둥이'를 얻게 되면서 벌어지는 해프닝을 따라가는 정치풍자 코미디다. 스크린 위 라미란은 날개를 단 듯했다. 하지만 처음 기획될 때 영화는 동명의 브라질 원작 영화와 마찬가지로 남성 정치인의 이야기였다.

> "영화 속에서 인물이 거짓말을 못 하게 되면서 캐릭터가 겪고 있던 갑을관계가 전복되어야 재미있는 건데. 언제나 갑인 한국의 남성 국회의원이 도대체 어디서 을이 될 수 있을지 답이 안 나왔다. 아내 앞에서 벌벌 기던 남자가 거짓말을 못 하게 되자 갑자기 아내를 함부로 대한다? 생각만 해도 너무 싫었다."

고민하던 중 '라미란 배우라면 어떨까' 싶었다. 얄밉지만 사랑스럽고, 사기를 치고 있어도 내면의 진정성이 엿보이는 캐릭터. 이런 이중성을 살려내기에 라미란만 한 배우가 없겠다 싶었다. 주인공을 여자로 바꾸어서 라미란 배우에게 캐스팅 제안을 넣었다. 그로부터 "오케이" 사인이 떨어지자 협업 중이었던 허성혜 작가와 함께 여성 캐릭터의 디테일들을 풍부하게 살려나갔다. 그러면서 어쩐지 잘 안 풀렸던 부분들도 풀리기 시작했다. 캐릭터와 배우가 만들어내는 시너지 안에서 "폭발력"이 생겼달까. 그 수정의 시간을 라미란 배우는 흔쾌히 기다려주었다.

> "영화 홍보할 때 '여성 정치인'이라는 호칭은 빼자고 했다. 정치인이면 정치인이지 '여성'으로 구분할 필요는 없다. 물론 여성의 특수성은 세밀하게 다뤘다. 예컨대 남자에겐 시어머니가 없지만 여자에겐 있다. 정치를 하는 남성은 화장을 안 해도 되지만, 여성이 화장을 전혀 안 하기는 쉽지 않다. 이와 함께 내면의 가치에 대해서도 고민했다. 예컨대 낳아 기른 자식은 아니지만 사랑으로 키운 아들을 지키기 위해 얼음물에 들어가는 마음은, 여성의 경험 안에서 지니게 된 인간성이라고 생각했다."

〈정직한 후보〉 스틸 컷

　장유정은 '남성 정치인'은 '정치인'이지만, '여성 정치인'
은 자꾸만 '여성'으로 환원시키는 편견을 비판하면서, 동시
에 가부장제 사회에서 여성이 '을'로서 경험하는 어려움을
풍자의 대상으로 삼은 셈이다.

　"신경을 쓴 건 헤어스타일과 '가발'이었다. 여성 정치
인들 헤어스타일이 대체로 주상숙의 가발과 같다.
주상숙 스타일의 모델이 심상정이냐 나경원이냐 질
문을 많이 받았는데, 힐러리 클린턴 스타일이다(웃

장유정

음). 여성 정치인의 긴 머리는 쉽게 '여성성'으로 연결되기 때문에 정치인으로서 마이너스가 된다. 그래서 긴 머리를 하고 싶어도 그럴 수가 없다. 가발 속에 숨긴 긴 머리는 주상숙의 욕망을 보여준다. 그래서 집에서는 긴 머리를 늘어트리고 있지만, 일할 때는 가발을 쓰는 거다. 이는 한편으로 정치인으로서 표리부동한 주상숙의 모습을 상징한다."

덕분에 '가발'은 〈정직한 후보〉의 또 다른 메시지를 강조하는 장치로도 활용된다. 영화의 마지막, 주상숙을 누르고 국회의원에 당선된 정치 신인 신지선(조수향 분)의 인터뷰 장면에서, 신지선 역시 주상숙의 가발을 그대로 쓰고 등장한다. 여성 정치인에게 덧씌우는 굴레가 신지선에게도 이어지고 있다는 의미일 수도 있고, 신진 신지선이 주상숙처럼 부패한 정치인이 될지도 모른다는 암시일 수도 있다.

어떤 조연도 도구는 아니다

코미디란 조금만 오버하면 촌스러워지고, 그렇다고 점잔을 빼면 남는 것이 없는 장르다. 소수자와 약자를 비하하면서 웃기는 작품도 많지만, 이는 곧 불쾌한 감정으로 이어지기도 한다. 여러 함정들이 코미디 앞에 놓여 있다. 코미디야말로 어려운 장르인 것이다.

하지만 장유정의 코미디는 적절하고 또 세련됐다. 그건 확실히 누구도 타자화하거나 소외시키지 않는 장유정식 캐릭터의 힘 덕분이다. 그는 갑과 을의 자리, 현재와 과거, 현실과 판타지, 진성성과 기만 등 경계 위에 존재하는 인물의 딜레마와 아이러니를 통해 웃음과 눈물을 만들어낸다.

"내 작품은 하나의 큰 줄기만을 따라가는 스타일이 아니라 수많은 서브플롯들로 이뤄져 있다. 작은 성냥개비로 쌓아올린 탑과 같다."

비단 주인공뿐만이 아니라 다양한 조연들의 이야기 역시 이런 작은 성냥개비들로 이뤄져 있다. 그리고 이 작은 성냥개비 하나하나에 캐릭터를 살려내는 세심한 설정들이 숨어 있다. 그는 "주연이냐 조연이냐에 따라 작품 속에서 가지는 무게감이 다를 수밖에 없다. 그래도 어떤 인물도 도구로만 소비하지 않기 위해 노력한다"고 덧붙였다. 그의 영화에서 주연뿐 아니라 조연 역시 빛나는 이유다. 이 태도가 실패 없이 인간적인 코미디를 만들어낸다.

'올드 레이디'의
이야기

연출작

<나쁘지 않아>(2004)
<그거에 대하여>(2007)
<0609_청계산>(2012)
<69세>(2019)

홍익대학교 광고·멀티미디어디자인과를 졸업하고 한국예술종합학교 영상원에서 시나리오 극작을 전공했다. 2001년부터 〈오버 더 레인보우〉(2002)·〈왕의 남자〉(2005)·〈도가니〉(2011)·〈화차〉(2011) 등 50편이 넘는 장편영화의 스토리보드 작가로 활동했고, 『한국영화 스토리보드』(2012)를 썼다. 유지태 감독의 〈마이 라띠마〉(2012) 각본 작업을 했다. 〈69세〉는 그의 장편 데뷔작으로 노년 여성에 대한 스테레오타입에 도전하면서 노년 여성 성폭력 문제를 논의의 장에 올려놓았다. 이 영화로 제24회 부산국제영화제 KNN 관객상과 제22회 서울국제여성영화제 박남옥상, 2020년 올해의 여성영화인상 감독상을 수상했다. 각본집 『69세』(2020)를 출간하기도 했다.

"노인과 노년의 삶에 대해서는
과연 내가 얼마나 이해하고 있을까? (…)
한국에선 '올드'라는 단어에
어떤 부정적인 의미가 담겨 있지만,
영어권 국가에서는 삶의 경험이 많은 사람을
존중하는 의미가 훨씬 더 크다고 한다."

아무것도 보이지 않는 검은 화면 위로 사운드만 들린다. 심상하게 대화를 이어가려는 환자 효정(예수정 분)과 그와 선을 넘나들며 성적인 분위기를 만들려는 이중호(김준경 분)의 목소리다. 이어 어색한 침묵이 시작되고, 화면이 들어온다. 정형외과 물리치료실에 나란히 놓여 있는 침대들. 그러나 두 사람의 모습은 여전히 보이지 않는다. 불안한 음악이 깔리고, 날카로운 전자음이 울린다. 삐— 삐— 삐—.

영화 〈69세〉는 69세 간병인 효정이 병원에서 치료를 받다가 29세 간호조무사 이중호에게 성폭행을 당하기 직전의 상황을 묘사하면서 시작한다. 직설적이고 현실적이다. 실제로 성폭력이 그렇다. 일상적인 대화와 성희롱의 경계는 명확하지 않고, 친밀감의 표현과 성추행을 바로 구분하기는 어렵다. 임선애 감독의 표현대로 하자면, 상황은 서서히 "에스컬레이트(고양)"되어간다. 무슨 일이 벌어지고 있는지 깨달았다고 해서 바로 대응할 수 있는 것도 아니다. 더 큰 위해를 감수해야 할 수도 있기 때문이다.

임선애는 관객들을 효정의 자리로 초대한다. 있는 그대로, 그 순간을 함께 경험해보자고. 그렇게 이후 효정의 선택과 행동들에 공감해보자고. 영화는 "피해자의 고통을 전시하지 않는" 반면, 성폭력을 가능하게 하는 구조와 그 부정의 不正義를 표현하는 데 있어서는 정확했다. 〈69세〉는 사려 깊은 만큼, 대담하다.

뒷모습이 전하는 말

사건 후 여러 날을 고민한 끝에 효정은 가해자 이중호를 고발하기로 결심한다. 그는 간병인과 환자로 만나 지금은 서로를 보살피며 함께 살고 있는 동인(기주봉 분)에게 피해 사실을 알리고 경찰서를 찾는다. 옆에서 효정을 도우려는 동인과 달리 경찰의 반응은 영 시큰둥하다.

"(이중호가) 친절이 과했네."

담당 형사가 무심결에 중얼거리는 말은, 노인 여성 성폭행 사건에 대한 한국사회의 무지와 편견을 그대로 보여준다. '여자로 대해준 것'을 고마워하기라도 해야 한다는 듯 쉽게 말을 내뱉는 것이다. "청년이 60대 여성을 강간할 리 없다"는 이유로 이중호에 대한 영장은 계속 기각되고, 효정은 심지어 치매 환자가 아닌지 의심까지 받게 된다.

효정과 동인이 서로를 어여삐 여기는 마음, 동인의 아들 현수(김태훈 분)가 아버지에게 느끼는 서운함과 애처로움,

효정의 딸에 대한 미안함과 그리움. 영화는 노년의 일상을 묘사하는 세심한 디테일만큼이나 정서적으로 풍부한 작품이지만, 그 다양한 감정을 압도하는 건 단연 효정의 차가운 분노다. 예수정 배우는 한 인터뷰에서 효정이 일련의 사건을 겪으며 느끼는 감정에 대해 이렇게 설명했다.

> "이 정도 살아온 사람이라면, 수치심을 느끼는 것이 아니라 자존심이 상했을 것이다."

여기에서 '이 정도'는 그저 흘려 보내온 69년의 세월을 의미하지 않는다. 그건 노동을 하는 사람의 시간, 무엇보다 돌봄노동을 하는 여자이기 때문에 이 사회에서 겪어야 했던 수모 속에서도 스스로를 지켜온 사람의 시간이다. 효정은 독립적이지만 성폭력 가해자를 고소하러 경찰서에 갈 때는 남성 파트너를 대동하고, 주변의 시선을 그다지 신경 쓰지 않으면서도 옷은 아주 잘 갖춰 입는 사람이다. 그것이 "자신을 보호하는 방식"이라는 걸 잘 알기 때문이다.

이런 성격의 인물이 경험한 시간이 그려지기에 영화는 더욱 "피해자의 고통을 봐달라"고 강요하기보다는 이 상황에 이성적으로 접근해보자고 제안한다. 그것이 감독이 "예수정이라는 놀라운 배우와 함께 작업하면서도 종종 그의 뒤통수를 담았던 이유"다. 예수정, 아니 효정의 수많은 사연을 품은 듯한 얼굴이 가진 몰입의 힘에 전적으로 기대기보다, 그 힘을 적절히 배분하면서 감정의 완급을 조절한 것이다.

영화는 수치심을 느껴야 할 것은 효정이 아니라 이중호라고 말한다. 이는 효정이 이중호의 가족을 찾아기는 장면에서 극대화된다. 이중호의 어린 아내는 친정에서 부모와 함께 살고 있다. 효정은 이중호의 아내가 임신한 것을 보자 발걸음을 돌려 나온다. 그리고 아내를 만나러 온 이중호와 마주친다. 처가에 모든 것을 알렸을 거라는 생각에 이중호는 폭주한다. 지금까지 단 한 번도 흥분한 적이 없었던 카메라가 불안으로 요동치며 포악질을 터트리는 장인의 얼굴을 비춘다. 하지만 이 모든 것은 이중호의 지레짐작일 뿐이다. 이중호 본인이 만든 지옥의 이미지인 것이다.

"진짜 내 인생 끝나는 거 보고 싶은 거야?!"라고 부르짖는 이중호에게 효정은 말한다. "끝? 인생 그렇게 쉽게 끝나지 않아. 니가 저지른 거 하나하나 다 갚고, 그러고도 질기게 안 끝나는 게 인생이다." 효정은 이중호를 불안과 공포 속에 놓아둔 채, 돌아온다. 그리고 자신의 피해를 이해하지도 설명하지도 못하는 사회에 맞서, 자신만의 방식으로 이중호를 고발한다.

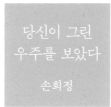

**당신이 그린
우주를 보았다**

손희정

독자님, 안녕하세요. 마음산책입니다.

〈82년생 김지영〉〈우리집〉〈벌새〉〈남매의 여름밤〉…… 혹시 목차에 오른 영화 가운데 반가운 제목이 있으신가요? 어쩌면 이 중에 영혼 보내기를 하신 작품도 있을지 모르겠습니다. 이런 감수성을 가진 분께라면 책 추천봇은 분명 『당신이 그린 우주를 보았다』를 첫 번째 목록에 올려둘 거예요. 이 책은 손희정 문화평론가가 2010~2020년대에 활발히 활동해온 여성감독들의 새로운 여성서사와 그 배경을 다룬 책입니다.

김도영에서 이경미까지, 열세 명의 감독들이 포착한 세계는 각기 다르지만, 카메라 밖의 여성들의 시간에 이야기를 부여해 공적인 서사로 만든다는 공통점이 있어요. 일곱 살 보리(〈콩나물〉)에서 여중생 은희(〈벌새〉), 이십 대의 자영(〈아워 바디〉), 삼십 대의 지영(〈82년생 김지영〉), 마흔 줄의 찬실이(〈찬실이는 복도 많지〉), 69세 효정(〈69세〉)까지 영화 속 여성들의 삶에서 독자님은 자신의 경험에 이름 붙이고 "지금 내가 느끼는 것이 나 혼자만의 것은 아"님을 느끼게 될 겁니다. 이렇게 서로가 서로의 서사가 되고, 서로가 서로의 영화가 되며 여성감독들의 새로운 유니버스가 탄생하고 있어요. 이 우주 속 별들의 반짝임, 보이시나요?

마음산책 드림

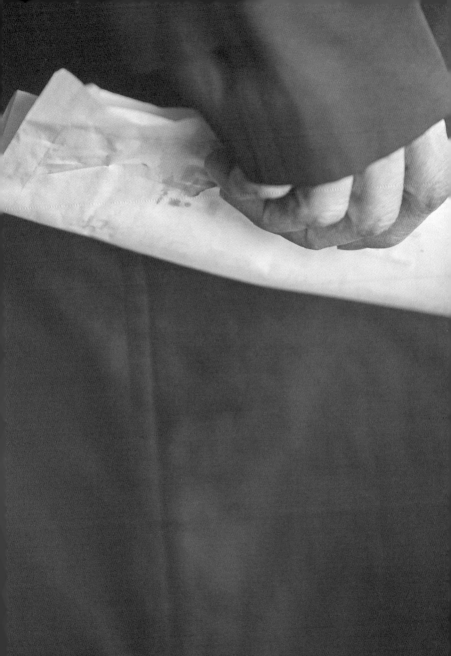

〈69세〉 스틸 컷

움직이고 말하는 사람의 용기

영화의 마지막 장면. "그럼에도 불구하고 용기를 내는 건 살아 있기 때문입니다"라는 말과 함께 옥상에 오른 효정은 한국사회를 향해 수백 장의 고발장을 날린다. 그의 고발이 성공했을까. 알 수 없다. 다만 한 가지는 분명하다. 효정의 이야기는 계속 살아남아 우리에게까지 도달했다.

> "성폭력은 너무 흔하다. 하지만 용기를 내서 말하고 움직이는 사람들이 있다. 그리고 그들 덕분에 무언가가 바뀌기 시작한다. 효정 역시 말하는 사람이다."

말하고 움직이는 사람. 임선애의 오래된 관심사다. 첫 단편인 〈나쁘지 않아〉의 주인공 '그녀'(정제후 분)는 일견 소극적으로 보이지만, 주저하기보다는 "행동하는 사람"이었다. 그는 버스에 우산을 두고 내린 사람에게 우산을 찾아주기 위해 낯선 동네에서 헤매고, 비를 맞고 있는 옆집 아이의 운동화를 그냥 지나치지 못하고 우산을 씌워준다. 〈69세〉와 스타일이 꽤 다르긴 하지만, 임선애의 에두르지 않는 태도는 다음 단편인 〈그거에 대하여〉에서도 그대로 드러난다. X세대 허윤(정제후 분)은 성욕이든 식욕이든, 욕망을 숨기지 않는다. 하지만 흥미롭게도 오르가슴을 오르가슴이라 부

르지 못하고, 월경을 월경이라 부르지 못하면서 '그거'라고
표현한다. 임선애는 딱 맞는 단어를 쓰지 못하고 "이거" "저
거" "그거" 하는 한국사회에 질문을 던진다.

임선애의 문제의식은 자신의 작품 안에서 차곡차곡 쌓여
왔다. 행동하는 사람 '그녀'의 모습도, 편견 안에서 섹스를
섹스라 말하지 못하고, 폭력을 폭력이라 말하지 않는 사회
에 대한 비판적 의식도, '69세 효정'을 구성하는 두터운 레
이어 중 하나다. 또 하나의 레이어는 한국사회의 노인 혐오
에 대한 문제의식이었다.

어떤 삶도 잉여는 아니다

"성폭력에 대해서는 예민하게 고민해왔지만, 노인과
노년의 삶에 대해서는 과연 내가 얼마나 이해하고 있
을까?"

〈69세〉는 임선애의 자기반성과 성찰 안에서 나온 작품이
기도 하다. '노인'과 '여성'이 교차하는 자리에 효정이 서 있
다. 시나리오 단계에서 "조력자를 청년으로 그리는 것이 어

떠냐"는 제안과 "가해자를 간호조무사가 아닌 의사로 만들어서 사회적 권력관계의 문제를 부각시키면 어떠냐"는 조언을 들었다.

그러나 임선애는 흔들리지 않았다. 노년 여성을 무성적 존재로 여기고 그의 주체성을 무시하는 한국사회를 비판하고 싶었기 때문이다. 노인문제에 이미 사회구조의 문제가 얽혀 있는데, 다른 요소를 더할 필요는 없었다.

> "한국에선 '올드'라는 단어에 어떤 부정적인 의미가 담겨 있지만, 영어권 국가에서는 지혜가 많은, 삶의 경험이 많은 사람을 존중하는 의미가 훨씬 더 크다고 한다."

임선애는 영화의 영어 제목 〈An Old Lady〉에 대해 설명하면서 이렇게 말했다. 우리는 이제 세월 속에서 쌓인 지혜와 품성에 아무런 가치를 부여하지 않는 시절을 산다. 자본주의가 원하는 생산성을 잃었다는 이유만으로 노년은 잉여로 여겨진다. 영화는 삶을 공유하면서도 서로 적절한 거리를 유지하는 효정과 동인의 관계를 통해서 어떤 삶도 잉여 취급을 받을 수 없다는 사실을 차분하게 보여준다.

"누구나 현미경으로 들여다보면 아주 드라마틱한 하루를 보낸다."

임선애의 첫 단편 〈나쁘지 않아〉의 주제였다. 선입견 속에서 타인의 삶을 뭉개버리지 않기 위해, 지금 우리에겐 현미경의 언어가 필요하다.

안
주
영

여름 햇살 아래
소년은 푸르다

연출작

<물고기는 말이 없다>(2012)

<옆 구르기>(2014)

<할머니와 돼지머리>(2016)

<보희와 녹양>(2018)

서강대학교 영상대학원에서 연출을 전공하고 한국영화아카
데미를 졸업했다. 잘 보이고 싶은 남학생에게 주목을 끌고 싶
어서 옆 구르기 연습에 매진하는 중학생 정은의 이야기를 담
은 <옆 구르기>로 제14회 미장센단편영화제 희극지왕 부문
최우수작품상, 제16회 대구단편영화제 대상, 제2회 포항맑
은단편영화제 심사위원특별상 등을 수상했다. 장편 데뷔작
<보희와 녹양>은 된장찌개를 잘 끓이는 소년, 마초처럼 보이
면서도 은근히 따뜻하고 친절한 청년 남성, 겁 없고 씩씩한
소녀 등 한국영화 속 스테레오타입의 인물에서 벗어나면서도
사랑스럽고 깊이 있는 캐릭터를 선보인 작품으로, 이를 통해
제23회 부산국제영화제 '오늘의 비전' 부문 KTH상을 수상
했다. 현재는 여자를 주인공으로 한 장르물을 구상 중이다.

"누구에게나 강박이 있다. (…) 주인공들은
자신이 뭘 원하는지 잘 모르는 상태에서
사회가 규정한 목표를 좇는다.
그 과정에서 자신이 정말로 원하는 게
무엇인지 발견하게 된다."

모든 일이 조심스럽고 어려운 소년 보희. 부당한 것들엔
맞서고 스스로 작아지는 것들 옆에선 기댈 어깨가 되어주
는 소녀 녹양. 같은 병원에서 한날한시에 태어난 보희(안지
호 분)와 녹양(김주아 분)은 아주 어렸을 때부터 단짝 친구
다. 세상을 떠난 줄로만 알았던 아버지가 살아 있다는 사실
을 알게 된 보희는 그를 찾아볼까 말까 망설이고, 거칠 것이
없는 녹양은 함께 아버지를 만나러 가자며 손을 내민다. 그
렇게 보희와 녹양의 '파랑새 찾기'가 시작된다.

〈보희와 녹양〉을 보고 심장이 뛰었다. 이토록 성숙한 영
화를 잘 보지 못했기 때문이다. 나의 결핍에 침잠하는 것이

안주영

아니라, 그 아픔을 바탕으로 타인의 사정을 돌아보게 되는 사람들의 이야기. 눈부시게 푸르른 햇살綠陽 아래 놓인 통증을 무심한 듯 선연하게 포착해내는 작품. 〈보희와 녹양〉은 내게 위로였다.

자신만의 다른 길

단편 〈물고기는 말이 없다〉 〈옆 구르기〉 〈할머니와 돼지머리〉에서 장편 데뷔작인 〈보희와 녹양〉까지. 안주영 감독의 영화 속엔 무언가를 찾아 헤매는 주인공들이 등장한다. 갑자기 눈앞에 나타난 금붕어를 따라가는 사회 초년생, 집요하게 연습해서 옆 구르기에 성공하는 중학생, 그리고 앓아누운 할머니를 위해 금지된 요리인 '돼지머리'를 찾아 나선 손녀. 〈보희와 녹양〉에서 그 대상은 사라진 아버지다.

"누구에게나 강박이 있다. 주변에서 해야 된다고 말하니까 추구하게 되는 것들. 주인공들은 자신이 뭘 원하는지 잘 모르는 상태에서 사회가 규정한 목표를 좇는다. 그 과정에서 자신이 정말로 원하는 게 무엇인지 발견하게 된다."

그의 영화 세계에서 주인공이 추구하는 대상이 무엇인가는 중요하지 않다. 이들이 삶의 다음 과정으로 넘어간다는 것이 더 의미 있다. 〈물고기는 말이 없다〉에서 사회 초년생은 현실과 이상 사이의 타협을 배운다. 〈옆 구르기〉에서 중학생은 마음에 드는 이성 친구를 만난다. 〈돼지머리〉에서 홀로 남겨진 손녀는 폭력적인 세계를 버텨낼 수 있는 강단을 익힌다.

소년-보희^{boy}의 이야기가 사회가 관습적으로 상상하는 그 흔한 '소년들의 아버지 찾기'와 달라지는 것 역시 이 때문이다. 소년의 '아버지 되기'라는 오이디푸스 궤적을 묘사하는 수많은 영화들에서 소년은 '아버지'라는 롤모델과 그

〈보희와 녹양〉 스틸 컷

〈보희와 녹양〉 촬영 현장

이름이 상징하는 '남성성의 신화'를 좇는다. 더 강한 남자, 더 능력 있는 남자, 더 성공한 남자가 되어서 기어코 '미녀'를 트로피로 얻는 이야기, 혹은 그렇게 결국 아버지로 성장하지 못했기 때문에 사랑하는 이를 잃거나 좌절하여 땅으로 꺼지는 이야기는 이런 오이디푸스 서사가 선보이는 진부한 경로다. 하지만 보희는 다른 길을 간다. 자신의 경험 안에서 그만이 갈 수 있는 길을 따라, 그만이 도달할 수 있는 다른 단계로 올라서는 것이다.

> "굳이 찾지 않아도 되는데, 보희는 아버지를 찾아 나선다. 왜냐하면 어른들이 '남자아이는 아버지가 있어야 제대로 자란다'는 식의 말을 아무 생각 없이 내뱉기 때문이다. 보희는 '그럼 나는 어떻게 해야 하지?' 싶었을 거다. 그런 말들의 폭력성에 대해 생각했고, 그 고정관념을 깨고 싶었다."

그렇게 보희가 찾은 아버지는 동성애자다. 사회가 승인한 '아버지'라는 이름의 스테레오타입과는 사뭇 다른 존재. 이제 보희는 새로운 질문과 만나게 된다.

소년이 가슴에 품게 된, 세계

"원래는 아버지를 못 만난다는 설정이었다. 그러다 아버지를 찾기는 찾는데, 그가 사라진 이유가 너무 뻔하지 않았으면 좋겠다는 생각을 하게 되었다. 아버지의 아주 개인적인 사성이었으면 좋겠다 싶었고, 아버지도 스스로 쉽게 해결되지 않는 딜레마를 겪었으면 했다. 보희가 그 이유를 알게 되었을 때, 아버지와 함께 고민할 수 있기를 바랐다."

〈보희와 녹양〉 스틸 컷

〈보희와 녹양〉은 한 남자가 한강으로 걸어 들어가는 뒷모습에서 시작된다. 우리는 곧 이 장면이 보희와 녹양이 극장에서 보고 있는 영화의 엔딩이라는 걸 알게 된다. '영화 속 영화'를 보며 눈물을 흘리는 보희.

이 장면은 이후 보희가 아버지를 찾은 뒤의 상황과 겹쳐진다. 보희는 우여곡절 끝에 찾은 아버지를 먼발치에서 지켜본다. 그러다 그의 남자친구가 아버지에게 다가가 키스하는 장면을 목격한다. 아버지에게 인사를 건네지 않고 돌아선 보희는 한강으로 향한다. 그리고 강으로 걸어 들어간다. 그 모습이 바로 영화의 시작 장면에 등장했던 남자의 뒷모습이다. 관객들은 불안하다. 그는 아버지의 정체성 때문에 '영화 속 영화'의 남자처럼 죽음을 선택하려는 것인가.

영화는 보희가 물에 잠기자 녹양, 어머니, 성욱 등 그를 아끼고 돌보는 이들의 모습을 보여준다. 그리고 아버지가 보희를 안아주는 판타지 장면이 이어진다. 컷이 바뀌면 한강에서 헤엄을 치는 보희가 보인다. 첫 장면에서 눈물을 흘리는 것과 달리 그는 미소를 머금고 찰랑거리는 한강의 물결을 즐기며 둥둥 떠간다. 그는 달라졌다. 한 단계 나아간 것이다.

안주영은 이 장면에 대해 한 인터뷰에서 "보희에게 수영은 '자생 능력' 같은 것"이라고 말했다. "사람이 위기에 닥치면 발휘하게 되는 자기도 몰랐던 자신의 힘"이라는 것이다. 그리고 보희가 그런 힘을 키울 수 있었던 건 물론 그의 옆에서 서로 돌봄을 주고받았던 이들 덕분이다. 생활력이 강한 어머니, 보희를 위해 기꺼이 '주먹 쥐고 일어서는' 녹양, 제 한 몸 챙기기도 힘들지만 든든한 친구가 되어주려는 성욱. 보희는 싱실 그 사제가 아니라, 상실 이후에도 늘 함께했던 이들 곁에서 삶을 배운다. 그리고 아버지가 자신을 떠났던 이유를 비로소 이해한다.

보희는 보고 따라 할 아버지를 만났기 때문에 어른으로 성장하는 것이 아니다. 그는 타인의 사정 앞에서 잠깐 멈춰서서 질문하고 스스로의 답을 찾아 공감할 수 있게 되었을 때 어른이 되어간다. '내'가 아니라 '세계'를 보게 되는 것이다. 수많은 사람들의 마음과 형편과 이야기들이 얽혀 있는 바로 그 세계를.

찰나이기에 소중한, 지금 내 곁의 사람들

영화에는 이중적인 마음이 들게 하는 장면들도 있었다. 좋으면서도 성에 차지 않고, 이해가 가면서도 어쩐지 다른 식이었으면 좋았을 텐데, 싶은 장면. 그중에 하나가 보희가 아버지를 만나러 가기 직전 녹양을 안아주는 장면이었다.
보희는 말한다.

"마지막으로 나 혼자 만나고 올게. 다신 아빠 찾지 않을
거야. 난 너 있으니까."

보희가 자리를 떠나고, 녹양은 알 수 없는 한숨을 내쉰다.
어쩐지 가슴 설레는 '이성애 각본'이 시작될 것만 같은 순간
이다. 나는 독립적인 녹양이 보희와의 이성애 관계 안에서
'여성성의 신화'를 답습하는 어른으로 자라게 될까봐, 어쩐
지 두려웠다. 많은 소녀들이 그렇게 사회가 기대하는 여성
성을 수행하면서 나이가 들수록 길들여지곤 하기 때문이다.

> "시나리오에서는 녹양이 '어우, 왜 저래?' 하고 아무
> 렇지도 않게 받아친다. 촬영 전에 실제로 그렇게 리
> 허설도 했는데, 어쩐지 뭔가 맞지 않아서 방향을 바
> 꿨다. 어떤 의미도 될 수 있을 것 같다. 녹양이 보희
> 를 좋아하게 될 수도 있고, 혹은 정말 가까운 사람이
> 평소와 다른 행동을 할 때 느끼게 되는 미묘한 감정
> 의 표현일 수도 있겠다."

그걸 '연애'로 읽고 싶었던 건, 어쩌면 관객인 나의 욕망
이었을지도 모른다. 영화가 한껏 밝으면서도 한편으로는 그

게 또 참 쓸쓸해서, 보희와 녹양이 끝까지 서로 의지하고 위로받을 수 있기를 바랐다. 아무것도 확신할 수 없는 불안한 삶에서, 뭐라도 하나는 확실하고 단단한 것이 있었으면 좋겠다고도. 그러니 이 장면이 불만스러우면서도 안심이 되었다. 이 말을 듣고 안주영은 웃었다.

"작업하면서 배우들에게 '보희와 녹양이는 5년 뒤에 헤어져서 각자 잘 살게 될 것'이라고 말하곤 했다. 한편으로, 영화가 대안 가족의 탄생을 그리고 있다고 해석하시는 분들도 계셨다. 사실 그런 이상적인 이야기를 하고자 했던 건 아니다. 영화의 마지막 장면에 모여 있는 그들도 언젠가는 헤어질 수 있다. 내가 말하고 싶었던 건 '지금 이 순간 누가 옆에 있는지가 중요하다'는 것이었다."

그의 말을 곱씹으며 깨달았다. 영원하기 때문에 의지할 수 있는 것이 아니다. 어떤 관계와 마음들은 지금, 여기, 바로 내 옆에 있기 때문에 소중하다. 그런 것들이 언제든 사라질 수 있다는 사실을 받아들이면 오히려 마음이 편안해진다는 걸, 〈보희와 녹양〉을 통해 이해하게 되었다.

유은정

유령이
인간을 구할 때

연출작

<낮과 밤>(2012)
<싫어>(2015)
<캐치볼>(2015)
<밀실>(2016)
<밤의 문이 열린다>(2018)
<난 세시부터 행복해질거야>(2019)

2008년 홍익대학교 예술학과를 졸업한 후 한국영화아카데미에서 영화 연출을 전공했다. 지방에서 상경해서 의지가지없는 청년 여성이 살아가는 서울의 일상을 묵시록적으로 그린 <낮과 밤>으로 제14회 서울국제여성영화제 아시아 단편경선 부문 최우수상을 수상했다. 그의 작품은 파국적인 순간을 담고 있으면서도 동시에 희망적이다. 현실에 대한 인식이 예민하고 날카롭지만 '함께'에 대한 믿음이 있기 때문이다. 장편 데뷔작이면서 호러 장르의 외피를 띤 <밤의 문이 열린다> 역시 이런 작품 경향 안에 있다. 이 작품은 제22회 부천국제판타스틱영화제 관객상을 수상했다.

"사회가 여성들을 믿지 않기 때문에,
여성들이 자신에 대해 불안해하는 거 아닌가
싶었다. 효연을 여성 캐릭터로 바꾸면서
'욕망을 드러내는 여자의 이야기를 할 수도
있겠구나' 하는 생각이 비로소 들었다."

삭막한 신도시의 풍경이 지나간다. '행복론'을 광고하는
명함이 흩어져 있는 바닥에는 한 남자가 난도질당한 채 쓰
려져 있다. 그 옆에 놓인 피로 얼룩진 서류. 사채를 쓴 사람
들의 신상명세서다. 화면 위로 내레이션이 흐른다.

"유령에겐 내일이 없단다. 그래서 유령은 사라지지
않기 위해 어제로 걷는단다.

목소리의 주인공은 도시 외곽의 공장에서 일하는 혜정(한
해인 분)이다. 그는 제 한 몸 먹고사는 일을 챙기는 것만으로

도 벅차다. 하우스메이트의 어려움을 살피거나, 직장 동료의 고백에 귀 기울일 여유도 없다. 무미건조하게 살아가던 어느 날, 혜정은 영문도 모른 채 유령이 되어 있는 자신을 발견한다. 이제 혜정의 시간은 하루하루 거꾸로 흐르고, 그는 시간을 거슬러 올라가며 왜 자신이 죽어야 했는지 그 이유를 찾아 나선다. 이 탐색은 사채의 굴레에서 벗어나기 위해 발버둥 치는 효연(전소니 분)의 이야기로 이어진다.

유은정 감독의 〈밤의 문이 열린다〉는 독특한 장르를 시도하면서 관객을 사로잡았다. 공포영화라기에는 드라마가 강하고, 드라마라기에는 보는 사람의 간담이 서늘해지는 무서운 영화. 이 영화의 장르는 과연 무엇일까 곰곰이 생각하곤 했는데, 유은정을 만나 이야기를 나누면서 적절한 이름을

〈밤의 문이 열린다〉 스틸 컷

찾았다. 바로 '유령 이야기'다.

구원 없는 세계의
유령과도 같은 존재들

유은정의 영화 중 실제로 유령이 등장하는 영화는 〈밤의 문이 열린다〉 한 편뿐이지만, '유령적 존재'는 그의 영화 세계를 묘사하는 중요한 키워드 중 하나다. 그의 작품에는 숨을 쉬고 있으되 죽은 것이나 다름없이 사는 사람들, 주류 사회가 주목하는 화각에서 밀려나 보이지 않게 된 사람들이 등장한다. 그렇다고 해서 그들에게 삶이 없는 건 아니다. 유령이 된 혜정이 비로소 산다는 것의 의미를 찾아가듯, 그들 역시 자신에게 주어진 몫을 살아내기 위해 애쓴다. 오직 차가운 세상만이 그들을 유령으로 만든다.

유은정의 유령들은 서울 변두리를 부유한다. 서울의 화려한 표면은 청년에게 꿈을 품게 하지만, 막상 찾아온 그곳은 망가진 것들의 도시다. 대도시의 이면이 처음 등장하는 건 단편 〈낮과 밤〉에서였다. 영화는 막 서울로 이주한 현영(장현영 분)의 모습에서 시작한다. 서울에서 가장 월세가 싼 동네에 자리를 잡은 그는 자전거를 한 대 마련한다. 고장 난 자전거를 고치기 위해 찾아간 동네 자전거포에서 현영은 자전거 수리공 민우(최민우 분)를 만난다. 뭐 하나 마음 같지 않은 일상에서 민우를 향한 설렘이 현영에겐 유일한 위로다.

하지만 그런 감정 역시 핑크빛이라기보다는 묵시록적이다. 평소와 다르지 않은 어느 날, 현영은 자전거를 타고 집으로 돌아가고 있다. 롱쇼트로 잡힌 어두운 골목, 저 멀리 붉은 빛을 발하는 교회 십자가가 보인다. 현영의 자전거가 시야에서 사라지자 한 남자가 갑자기 튀어나와 다른 행인의 머리를 가격한다. 예상치 못했던 순간에 폭력이 닥쳐온다. 이 한 장의 타블로는 지금/여기, 구원이 없는 세계를 보여주는 서늘한 삽화다. 영화는 이 장면의 긴장감을 끝까지 끌고 간다. 민우가 어쩌면 그 괴한일지도 모른다는 불안이 관객을 사로잡는다.

> "낯선 남자를 볼 때 드는 이중적인 마음이 있지 않은가. 이 남자가 나를 해칠 수도 있고, 나와 사랑에 빠질 수도 있다는."

민우라는 캐릭터에 대해 질문하자 유은정이 답했다. 흥미로운 것은 그의 작품에서 이처럼 양가적인 면모를 가진 존재가 비단 낯선 남자들만은 아니라는 점이다. 〈캐치볼〉에서는 주인공 민영(원진아 분)의 오빠가 그런 존재다. 늘 민영을 돌봐주었고 항상 다정했던 오빠는, 어느 순간 냉정한 얼굴로 민영에게 가족구성원으로서 할 몫을 다 하라고 요구한다. 그리고 그 할 몫이란 오빠가 저지른 살인을 방조하는 일이다. 기댈 수도, 기대지 않을 수도 없는 가족.〈싫어〉와〈밀실〉이 묘사하는 가족관계도 이처럼 복잡하다.

"내 또래 여성의 이야기를 하고 싶었다"

유은정의 영화 속 '가족'은 쉽게 벗어날 수 없는 사회의 시스템을 의미하기도 한다. 유은정은 자신의 작품을 사로잡고 있는 불안의 정서에 대해서 이렇게 설명했다.

> "한국사회의 내부자들은 남성들이다. 그런 세상에서 사는 것이 쉽지 않았다. 그래서 내가 세상과 불화하는 건가, 나는 다수와 불화하는 존재인가, 스스로를 의심했다. 아버지나 오빠처럼 주류에 있는 사람들이 내게 행한 폭력이나 그들로부터 받은 상처를 생각하면 그 관계를 끊어내야 할 것 같지만, 그들에게서 고립되는 것은 또 두려웠다."

〈밤의 문이 열린다〉에서 혜정 역시 자신을 키워준 오빠와 연락을 끊고 독립하려고 노력 중이다. 〈캐치볼〉의 민영이 떠오른다. 영화의 시작, 혜정이 철저히 외톨이인 것은 어쩌면 오빠라는 '안전하지 않은 안전망'을 벗어나 단절을 선언했기 때문이다.

지배적인 규범과 규칙에 적응하지 못하고 흔들리던 단편의 주인공들과 닮은꼴이었던 혜정은 유령이 되어 시간을 거슬러 올라갈수록 조금씩 달라진다. 죽은 지 이틀째 되던 날, 그는 돌봐줄 어른 하나 없이 홀로 죽어가는 소녀 수양(감소현 분)을 발견하고 뒤를 따라간다. 혜정이 살아 있을 때에는 도움을 청해도 외면해버렸던 소녀다. 혜정의 눈앞에서 수양은 숨을 거두고, 혜정에게 도움을 요청했던 수양의 영혼도 사라져버린다. 시간을 거슬러 올라갈수록 혜정은 계속 새롭게 수양을 만나게 된다. 그리고 어쩌다가 이 어린 소녀가 폐건물에서 쓸쓸하게 죽음을 맞이하게 됐는지 알게 된다. 며칠째 연락이 없는 아버지를 찾아 헤매다 교통사고를 당한 것이다. 유일하게 혜정의 목소리를 들을 수 있는 존재인 수양. 수양과 가까워지면서 혜정은 그의 죽음이 자신의 죽음과 연결되어 있다는 사실을 깨닫는다. 그때부터 혜정은 자신과 수양을 구하기 위해 뛰기 시작한다.

유은정은 "2016년 이후, 페미니즘 흐름 속에서 많은 영향

〈밤의 문이 열린다〉 스틸 컷

〈밤의 문이 열린다〉 촬영 현장

을 받았다"고 말했다. 섣부르게 희망을 말할 수는 없지만, 변화를 꿈꾸고 연대를 위해 노력하는 것은 중요하다는 생각을 하게 되었다는 것이다. 그러면서 "내 또래 여성들의 이야기"를 하고 싶어졌다고 덧붙였다. "지금 내가 느끼는 것이 나 혼자만의 것이 아니라는 확신"이 들었기 때문이다.

그렇게 페미니즘의 영향을 받으면서 〈밤의 문이 열린다〉 시나리오 작업에서 구체적으로 달라진 부분이 있는지 물었다. 그는 "여러 가지가 있지만, 가장 많은 변화가 있었던 것은 효연 캐릭터였다"고 답했다. 효연은 자신의 비루한 현실을 벗어나기 위해 사채를 끌어다 쓰고, 사채의 굴레에서 벗어나기 위해 사람들을 해치는 폭력을 행하는 인물이다.

"시나리오 초기 단계에서는 효연은 남자로 설정되어 있었다. '나는 이렇게 바닥에 있을 존재가 아니야, 기회만 잘 만나면 성공할 수 있어'라는 자신감을 가진 인물. 난 늘 스스로를 의심하는 편이라, 그런 자신감과 욕망을 가진 사람들이 흥미로웠다. 한편으론, 사회가 여성들을 믿지 않기 때문에, 여성들이 자신에 대해 불안해하는 거 아닌가 싶었다. 효연을 여성 캐릭터로 바꾸면서 '욕망을 드러내는 여자의 이야기를 할 수도 있겠구나' 하는 생각이 비로소 들었다."

덕분에 영화는 다양한 여성들의 이야기가 섞여 들어간 생동감 있는 작품으로 완성되었다. 여성관객들의 목소리가 작가에게 들리고, 작가가 또 다른 여성서사를 선보이는 시간. 〈밤의 문이 열린다〉가 놓여 있는 자리는 그런 시간의 흐름 속이다.

운이 아닌, 우리가 바꾼 세계가
우리를 구하도록

이제 다시 영화의 시작 장면으로 돌아가보자. 짧게 스쳐 지나가는 장면이지만, 피로 얼룩진 신상명세서, 그러니까 사채를 쓴 사람들의 신상명세서 중 한 장에는 유은정 본인의 얼굴과 이름이 새겨져 있다. 그는 "사본으로 남은 다양한 얼굴들을 담고 싶었다"고 했다.

나는 이 장면에서 유은정의 현실 인식을 읽는다. 그는 혜정과 효연을 명백하게 분리시키지 않는다. 어떤 이는 운이 좋아 '행복론'을 피해 가지만, 어떤 이는 "돈 500만 원 때문에" 신체 포기 각서를 쓰게 된다. 그 운 나쁜 사람이 나일 수도, 당신일 수도, 감독 본인일 수도 있다.

유은정의 영화에서 공포는 장르라기보다는 시대의 공기

다. 그렇다면 혜정이 보여주는 작은 변화는 우리의 미래일 수도 있을까? 우리는 운이 아니라, 우리 자신을 믿을 수 있을까? 이 예민한 촉을 가진 감독이 포착해낼 내일이 궁금하다.

여덟 번째 만남
〈내가 죽던 날〉 감독

박
지
완

내가
당신을 본다

연출작

<필로우 토크>(2006)
<여고생이다>(2008)
<곰이 나에게>(2009)
<내가 죽던 날>(2019)

영화 공부를 하려고 유학을 고민하던 중 "너 영화 아니?"라
는 아버지의 말을 듣고 영화를 배우기 위해 '영화사 봄'에 들
어갔다. 현장 경험을 쌓은 뒤 한국영화아카데미에 입학해 본
격적으로 영화 연출을 공부하기 시작했다. 졸업 작품 <여고
생이다>로 2008년 서울국제여성영화제 아시아 단편경선 '메
리케이' 최우수작품상을 수상한다. 이 해에 단편경선을 후원
했던 메리케이의 지원으로 단편영화 <곰이 나에게>를 제작
해서 2009년 서울국제여성영화제에서 상영했다. 첫 단편영
화 <필로우 토크>부터 <곰이 나에게>까지 여성의 삶을 보여
주는 디테일이 살아 있으면서도 영화적 환상성을 놓치지 않
는, 레이어가 풍부한 작품 세계를 보여주었다. 장편 데뷔작
<내가 죽던 날> 역시 마찬가지다. 이 작품으로 제57회 백상
예술대상 영화 시나리오상을 수상했다.

"이 작품을 기획하던 무렵,
영화 속에서 고난을 겪는 여자들이 모두 죽었다.
저렇게까지 살려고 노력하는데,
살려야 하는 거 아닐까 싶었다. (…)
그래서 생각했다.
나는 구하는 이야기를 해야지."

박지완 감독의 작품을 처음 만난 건 2008년 서울국제여성영화제에서였다. 한국영화아카데미 졸업작 〈여고생이다〉가 그해 단편경선 최우수상을 수상했다. 영화는 제목부터 심상치 않았다. 앞뒤 없이 "여고생이다"라니. 이 당당함은 대체 무엇인가. 영화 자체도 제목이 싹틔운 기대를 저버리지 않았다.

여고생들의 하교 후 시간을 따라가는 영화는 단골 떡볶이 가게 골방에서 포커를 치는 여고생들을 그리는 누아르에서 시작해서 동성 친구들 사이의 알콩달콩한 우정과, 교생과 학생 사이의 진솔하기도 하고 풋내 나기도 하는 대화를 그리는 하이틴 드라마를 경유해 뮤지컬로 끝났다. 영화 속 캐릭터들이 각자의 자리에서 함께 부르는 노래는 어딘가 애잔해서 찰나와도 같이 지나가버린 여고 시절에 대한 회고적 향수처럼 다가오기도 했고, 영원할 것처럼 이어지는 학창 시절의 고단함을 말하는 것 같기도 했다. 무엇에 마음이 움직였든 관객들은 이 영화를 사랑했다.

그 이후로 12년. 박지완이 장편영화 데뷔작을 극장에 걸기까지 걸린 시간이다. 그리고 〈내가 죽던 날〉은 기다린 세월이 아깝지 않은 작품이었다.

"왜 새로운 영화를 원하지 않지?"

열세 쌍의 커플이 각자 자신들의 섹스에 대해서 이야기하는 〈필로우 토크〉와 〈여고생이다〉, 낯선 시작을 준비하는 청년 여성의 마음을 그린 〈곰이 나에게〉, 그리고 〈내가 죽던 날〉에 이르기까지 박지완은 계속 여성에 대한 이야기를 해왔다. 무엇보다 그가 묘사하는 여성의 삶은 구체적이고 생생하다.

"내가 '여성'으로 분류된다는 걸 늦게 알았다. 여중,

여고, 여대를 나왔고, '영화사 봄'이나 '영화사 집'에
서처럼 여성 대표님들과 계속 일했기 때문이다. '여자
가 세상을 구한다'고 배우면서 컸는데, 사회에 나와
보니 상황이 달랐다. 나를 교체 가능한 '어린 여자'로
보는 사회의 시선 자체를 늦게 경험한 셈이다. 물론
영화 현장에서 구성원으로 존중받으면서 일했다. 하
지만 결정적인 순간에 내 의견이 받아들여지지 않는
경험들이 쌓이면서 내 또래 여자들의 경험에 관심을
가지게 된 것 같다."

　특별히 여성영화를 하겠다고 생각했던 건 아니다. 하고
싶은 이야기, "나를 재밌게 하는 이야기"를 하고 싶었고, 그
게 자연스럽게 여자들의 이야기였다. 〈여고생이다〉 시나리
오를 썼을 때 한국영화아카데미 교수진은 "흥미롭기는 한
데 도대체 뭐라고 코멘트해야 할지 모르겠다"라고들 했다.
당시 아카데미에 여자 교수는 애니메이션과에 딱 한 명뿐이
었고, 특강 강사진의 성비도 크게 다르지 않았다. 이 영화를
이해할 언어 자체가 교수진에게 없었던 것인지도 모른다.
　박지완 감독이 단편영화 작업을 열심히 할 즈음 여러 단
편영화제에서 여자들이 상을 받기 시작했다. 그걸 보면서
'이제 됐다!'는 생각이 들었다며 그는 웃었다. 그들과 함께

계속 영화를 만들어갈 수 있을 줄 알았다는 것이다. 그런데 시간이 지나면서 여자감독들은 하나둘 사라지고 보이지 않게 되었다. 그러는 사이 한국영화에서는 익숙하고 비슷비슷한 영화들이 반복적으로 만들어지고 있었다. 박지완은 궁금했다.

"왜 새로운 영화를 원하지 않지?"

그렇게 시간이 흘렀다. 다행스럽게도 새로운 영화를 원하는 감독이 있었고, 제작자가 있었고, 투자자가 있었다. 그리고 나처럼 새로운 영화를 기다려온 관객들이 있었다. 〈내가 죽던 날〉은 이 네 박자가 잘 맞아서 2020년 대한민국의 극장으로 찾아왔다. 영화는 "폭풍이 치던 날, 외딴 섬에서 젊은 여자가 유서 한 장을 남기고 사라졌다"는 사건을 주된 줄기로 삼는다. 예고편을 봤을 땐 예상 가능한 이야기라고 생각했다. 잘못된 예측이었다.

홀로 남겨진 사람의 마음

〈내가 죽던 날〉은 교통사고를 심하게 내고 휴직 중인 형

〈내가 죽던 날〉 스틸 컷

사 현수(김혜수 분)가 자신을 부른 상사(김정영 분)를 만나기 위해 경찰서에 가면서 시작된다. 상사는 사건 하나를 현수에게 던진다. 경찰이 오랫동안 쫓던 밀수범이 사망하고 그의 10대 딸 세진(노정의 분)을 증인으로 보호 중이었는데, 세진이 섬 절벽에서 뛰어내려 자살했다는 이야기였다. 문제는 자살하던 날 폭풍이 너무 심했던 탓에 시체를 찾을 수 없다는 것. 상사는 뒷말이 나오지 않도록 사건을 잘 마무리하면 복직에 도움을 주겠다는 제안을 덧붙인다. 현수는 군말 없이 섬으로 들어가 섬사람들을 탐문하고 세진이 살던 집을 살피며 그가 남겨놓은 흔적을 추적하기 시작한다.

미스터리의 외피를 입고 있지만 영화는 장르 구현 그 자체보다는 전달하고자 하는 메시지에 집중한다. '사람이 사라졌다, 주인공이 추적한다, 그러다 사라진 사람에게 동일시하게 된다'는 관습에 얼추 맞춰 찍은 작품이 아니라, 감독이 하고 싶은 이야기를 하기 위해 '실종과 추적'이라는 장르적 장치를 활용했다는 의미다. 여기서 추적follow은 "진실을 밝히겠다"는 목적을 향한 직선적 과정이 아니다. "내가 당신의 모습을 보고 있고, 당신의 말을 듣고 있으며, 당신에게 마음이 쓰이고, 당신의 사정이 진심으로 궁금하다"는 공감과 겸손의 태도의 다른 말이다.

이 추적의 과정에서 현수는 '미지의 아이' 세진에게 그저 매혹되는 것이 아니다. 자신의 경험을 바탕으로 세진의 처지와 아픔을 이해하게 되는 것이다. 그는 이 사건을 맡기 전, 남편의 배신과 뒤따른 이혼 때문에 깊은 상실감 속에 침잠하고 있었다. 도저히 설명할 수 없는 고통 속에서 갑작스럽게 손이 마비되기도 했다. 살아 있다는 걸 확인하기 위해 통증을 느껴야만 했고, 그래서 시도했던 자해 때문에 오히려 죽으려 했다는 오해를 샀다. 그가 업무 중 교통사고를 내게 된 데에는 이런 배경이 있는 것이다.

고립된 채로 홀로 남겨진 사람의 마음으로 바라본 CCTV

〈내가 죽던 날〉 스틸 컷

화면 속 세진은 어쩐지 알 것만 같은 얼굴을 하고 있다. 세
진은 아버지에게 속고, 오빠를 비롯해서 일상을 나누던 어
른들에게 버림받고, 외딴 섬에 갇혀 경찰에게 감시당한다.
그리고 마음을 터놓고 의지했던 형사에게조차 또다시 버림
받은 상황이었다. 그가 얼마나 외롭고 아팠는지, 또 좌절할
수밖에 없었는지, 그 처지를 이해하게 된 현수는 CCTV를
똑바로 쳐다보는 세진의 눈빛에 자신의 눈빛을 겹쳐본다.

지금/여기의 여성영화

나에게 이 영화는 2020년이 아니라면 도달할 수 없었을, 바로 지금 여기에서의 여성영화로 다가왔다. 영화는 '밀수업자의 딸'이라는 전혀 보편적이지 않은 소재를 다루면서도 2020년 청년-여성의 삶이라는 아주 보편적인 이야기와 만난다.

세진은 절벽으로 사라지기 전 유서에 "아빠와 오빠의 잘못에 대해 대신해서 사과드린다"라고 썼다. 그는 아버지가 타인을 해치며 살았다는 사실을 전혀 몰랐다는 걸 괴로워했다. 이 세계를 망친 어른들의 과오를 본인이 대속해야 한다는 윤리적 책임감을 가지고 있는 것이다. 세진의 태도가 인상적이라고 말하자 박지완은 답했다.

> "〈설리-허드슨강의 기적〉(2016)이라는 영화를 보러 갔을 때였다. 그날이 문화의 날이어서 수업 대신 영화를 보러 온 고등학생들이 많았다. 영화에는 기장 설리(톰 행크스 분)가 비행기 사고에서 승객들을 구하는 장면이 나온다. 거기서 학생들이 울기 시작했다. 동시대 청소년들의 '버림받았었다'는 기억, '내가 그 희생자가 될 수도 있었다'는 그 공감의 순간에 기성세대로서 어떻게 응답해야 하는지 고민이 많았다."

만남

〈내가 죽던 날〉 촬영 현장

'버림받았던 기억'이란 아마도 세월호를 의미하는 것이 었으리라(어쩐지 되물을 수가 없었다). 그래서였던 모양이다. 영화는 세진에게 단호하게 '그건 당신의 잘못이 아니다'라고 말한다. 그렇게 영화는 본인이 저지르지도 않은 잘못을 자기 책임이라고 생각했던 청소년들에게 '네 탓이 아니다'라고 말한다.

다른 한편으로 섬에 갇힌 세진의 일상은 경찰의 촘촘한 감시-시선에 노출되어 있다. 상시적으로 타인의 시선을 인식해야 한다는 불안과 답답함, 늘 혼자지만 늘 보이는 삶. 관객, 특히 여성관객들은 세진의 마음을 이해할 수 있다. 소라넷에서 N번방까지, 디지털 헬조선을 살아온 청년 여성들이 경험하는 정서와 다르지 않기 때문이다. 보호자를 자청

〈내가 죽던 날〉 스틸 컷

하는 어른들은 그저 비겁할 뿐이고, 공권력은 무능하다. 다만 각자의 위치에서 소외를 경험한 이들만이 서로를 발견하고 손을 내민다. 영화는 디지털성범죄 문제를 직접적으로 다루지는 않지만, 충분히 그에 대한 은유로 읽힌다.

"니가 남었다"

세진을 '추적'하는 현수를 통해, 우리는 비로소 세계의 폭력을 보게 된 존재, 부당하게 버림받은 존재, 그러나 언제나 감시에 노출되어 있으며, 너무 큰 짐을 짊어져야 하는 존재의 고통과 대면한다. 하지만 영화는 고통에 머물지 않는다. 사람을 믿을 때마다 배신을 당했던 세진에게 다시 한 번 누군가를 믿을 기회를 주는 것이다. 그렇게 세진은 순천댁(이정은 분)과 만난다.

순천댁은 세진이 갇혀 있는 섬의 주민이다. 그는 천연성의식장애의 상태로 오랫동안 누워 있는 조카 순정(정지우 분)을 돌보며 살고 있다. 세진과 가까워지고 세진을 진심으로 위하게 되면서 순천댁은 오빠와 경찰의 손아귀에서 세진을 탈출시키기 위한 계획을 세운다. '내가 죽던 날'을 꾸미는 것이다. 그는 순정이를 장애인등록 하면서 만든 여권으

로 세진의 신분 세탁을 도와주고 폭풍우가 치는 날을 이용
해 세진을 섬에서 아무도 모르게 내보낸다.

처음에 세진은 떠나지 않으려고 한다. "아무도 남지 않았
다"며 순천댁 옆에 계속 머물겠다고 고집을 부린다. 목소리
를 잘 내지 못하는 순천댁은 쓴다. "니가 남엇다." 그리고 최
선을 다해 말한다. "니가 너 자신을 구해야 한다. 인생이, 생
각보다 훨씬 길다."

> "이 작품을 기획하던 무렵, 영화 속에서 고난을 겪는
> 여자들이 모두 죽었다. 〈화차〉(2011)도 그랬고 〈미씽:
> 사라진 여자〉(2016)도 그랬다. 저렇게까지 살리려고 노
> 력하는데, 살려야 하는 거 아닐까 싶었다. 계속 그 뒷
> 모습만 보고 쫓아갔는데, 어깨를 잡고 돌려서 말이
> 라도 한 번 걸어보고 싶었는데, 그 기회를 안 준다고
> 느꼈다. 그래서 생각했다. 나는 구하는 이야기를 해
> 야지."

영화는 세계의 폭력에 눈감지 않으면서도, 탈출구 없는
절망만을 늘어놓지는 않는다. 대신 영화는 말한다.

"당신이 스스로 낭신을 구해야 해. 그런데 말이야, 잘 들
어봐. 그때 당신 옆에는 내가 있을 거야."

그렇게 순천댁과 순정에게 도움을 받은 세진은 잠시 한국을 떠나 있지만, 아마도 다시 돌아와 순정에게 빌렸던 신분을 돌려주었을 것이라고 박지완은 말한다. 세진에게 순정은 그렇게 쉽게 떠나버릴 수 있는 존재가 아니기 때문이다.

2020년 〈내가 죽던 날〉은 나를 위로해주었다. 새로운 이야기를 원했기 때문에 찾아온 이 영화에서, 익숙한 세계를 완전히 파괴한 후에야 비로소 찾아오는 평안을 꿈꿀 수 있었으니까.

아홉 번째 만남

〈찬실이는 복도 많지〉 감독

김초희

읽어내기를
유혹하는 영화

연출작
<겨울의 피아니스트>(2011)
<우리 순이>(2013)
<산나물 처녀>(2016)
<찬실이는 복도 많지>(2019)

프랑스 파리1대학 유학 시절 홍상수 감독을 만나 <하하하>(2010)를 시작으로 <북촌방향>(2011)·<누구의 딸도 아닌 해원>(2012) 등 홍상수 감독 영화 일곱 편의 프로듀서로 활약했다. 일을 잠깐 쉬면서 윤여정, 정유미 주연의 단편영화 <산나물 처녀>를 연출했다. 2017년 영화를 그만두고 반찬 가게를 해볼까 했지만, 자영업 대신 일자리를 잃은 여자 프로듀서가 영화에 대한 사랑을 되찾는다는 내용의 시나리오 작업을 시작한다. 다음 해 김도영 감독의 <자유연기>에서 본 배우 강말금을 잊지 못해 그에게 영화를 찍자고 제안한다. 그렇게 탄생한 작품이 장편 데뷔작 <찬실이는 복도 많지>였다. 이 작품으로 제24회 부산국제영화제에서 한국영화감독조합상 수상 등 3관왕에 이름을 올렸다. 또한 <찬실이는 복도 많지>는 2020년 초 코로나19로 싸늘해진 극장가를 따뜻하게 데우며 관객들에게 큰 사랑을 받았다.

"〈찬실이〉는 '여자 프로듀서 이야기를
누가 보고 싶어하겠느냐'는
영화 관계자들의 편견과는 다른 결과였다.
〈찬실이〉가 2020년에 개봉한 것은
'대운大運'이었다."

"해석은 예술 작품을 가만히 내버려두지 않겠다는 잔인한 호전 행위로 보인다. (…) 해석자는 예술 작품을 그 내용으로 환원시키고, 그다음에 **그것**을 해석함으로써 길들인다. 해석은 예술을 다루기 쉽고 안락한 것으로 만드는 것이다." 수전 손택, 『해석에 반대한다』, 이민아 옮김(이후, 2002), 26쪽

팔에 타투가 있다. 김초희 감독도 그랬다. 내 타투를 본 그는 소매를 걷어 자신의 타투를 보여주었다. 'Against Interpretation(해석에 반대한다)'. 좋아하는 책 제목이라고 했

다. 나는 A4 한 면 가득 적어온 〈찬실이는 복도 많지〉에 대한 온갖 해석과 그에 관련된 질문들을 떠올리곤, "내가 하는 일이 바로 그 해석"이라 말하며 웃었다. 그렇게 "영화에 자신을 던진" 감독과 해석하지 않고서는 배길 수 없는 비평가가 마주 앉았다.

개인의 역사 속에서 등장한 독창적인 영화

김초희의 장편 데뷔작인 〈찬실이는 복도 많지〉(이하 〈찬실이〉)는 마흔에 직장을 잃은 영화 프로듀서 이찬실(강말금 분)에 대한 영화다. 영화는 찬실이가 함께 일하던 지 감독이 술자리에서 급사하면서 시작된다. 오랫동안 지 감독과 '예술영화' 작업을 해온 탓에, 그가 죽자 찬실이는 일이 끊겨버린다. 월세가 저렴한 산동네로 이사를 가고, 가사도우미로 일하면서 하루하루를 버티는 찬실이. 장편 시나리오 작업 중인 남자 김영(배유람 분)을 만나면서 조금씩 활기를 되찾지만, 그 관계도 뜻대로 잘 풀리지 않는다. 김초희의 말대로 삶이란 "계획대로 되는 것이 아니다".

영화는 물론 창작이고 허구다. 그럼에도 불구하고 홍상수

132   만남

감독 영화의 피디로 오랫동안 활동했던 그의 이력 덕분에 영화의 시작과 함께 죽어버리는 지 감독의 모습에서 자연스럽게 홍상수가 떠오른다. 그 장면에서 웃음이 터지고 말았다고 고백하며 물었다. "지 감독은 왜 죽였나?" 김초희의 답은 명쾌했다.

> "이 영화는 실직한 찬실이가 다시 희망을 찾아가는 이야기다. 어떻게 일이 끊겼냐는 영화의 전사前史인데, 그에 대해 구구질절 설명하지 않으면서도 설득력이 있어야 했다. 예술영화에서 피디가 일을 못하게 되는 경우는 두 가지다. 같이 일하는 감독이 후지거나, 사라져버리거나. 내 이야기에서 시작하는 영화를 만드는 건 물론 용기가 필요한 일이었지만, 관객이 홍 감독을 떠올릴까 아닐까는 중요하지 않았다. 내가 고민했던 건 오히려 죽음을 희화화하는 것은 아닌지였다."

죽음을 대상화할 수도 있다는 고민을 했을 거라곤 생각하지 못했다. 지 감독의 죽음은 일종의 메타포로서, 과거로부터 독립하겠다는 김초희의 '선언'으로 다가왔기 때문이다.

영화에서 지 감독이 죽는 순간은 두 번 반복된다. 영화의

〈찬실이는 복도 많지〉 스틸 컷

첫 장면에서 한 번, 그리고 찬실이가 영을 만난 뒤 그에게 끌리면서 한 번. 이 두 번째 시퀀스는 좀 재미있다.

처음 만난 날, 영은 찬실이에게 "왜 영화를 그만두었냐"고 묻는다. 찬실이는 제대로 대답하지 못하고 자리를 황급히 떠난다. 컷이 바뀌고 지 감독이 죽던 날을 묘사하는 회상 장면이 이어진다. 질문에 대한 답인 셈이다. 그리고 다시 현재로 돌아와 영과 길을 걷는 찬실이의 모습. 영은 찬실이를 쫓아오며 그의 집에 가서 옆에 누워 잠만 잘 것이라 말한다. 그 말을 듣고 영에게 안아달라고 말하는 찬실이. 하지만 이 장면은 찬실이의 꿈이었음이 곧 밝혀진다.

〈찬실이〉는 홍상수 영화와 많이 다른 작품이지만, 이 꿈 장면만큼은 그의 영화에서 종종 등장했던 남녀의 밀당을 떠올리게 한다. 김초희는 지 감독의 죽음 뒤에 붙는 이 영화적 순간을 일장춘몽으로 만들어버림으로써 홍상수 영화에 대한 비평을 시도했던 건 아닐까. 하지만 김초희는 "그렇진 않다"라고 답했다.

"그보다는 '현실-회상-환상(꿈)-현실'로 이어지는 독특한 시간대가 홍 감독의 영화적 시간대에서 영향을 받은 것일 수도 있겠다. 하지만 그 역시 의식적으로 의도한 건 아니다. 홍 감독 작품 피디로 짧지 않은 시간을 보냈다. 영향을 받지 않았다면 거짓말이고, 그것을 부정한다면 나 자신에 대한 부정이 될 것이다."

할머니의 다정한 아카이브

방황 끝에, 찬실이는 다시 영화로 돌아온다. 김초희가 영화를 그만둘까를 고민하면서도 결국 "절박한 마음"으로 〈찬실이〉를 준비할 수밖에 없었던 것처럼. 찬실이의 영화를 향한 사랑은 장국영(김영민 분)이라는 이상한 인물을 통해서 현현한다. 그는 찬실이네 주인집 할머니(윤여정 분)가 보존하고 있는 '죽은 딸의 방'에서 등장한다. 이 방은 1990년대 시네필의 영화 아카이브다. 아직 디지털이 대중적으로 도래하기 전, 영화가 필름이나 비디오, 카세트테이프, 잡지 등을 통해 신체를 입고 물성物性을 띠고 있던 시기의 자료들이 그 방에 한가득 쌓여 있다.

몸에 축적되어 있는 경험 속에서 언어를 넘어서는 지혜를 갖춘 여성으로서, 존재 자체가 삶의 아카이브와도 같은 할머니가 영화의 역사를 보존하고 있다는 점이 좋았다. 바로 그 때문에 장국영은 '찬실이의 마음'이라기보다는 영화 그 자체의 현현으로 읽히기도 했다. 할머니가 영화 아카이브를 보존하고 있는 것은 왜였을까. 김초희는 이렇게 답했다.

> "예산 때문이었다. 원래는 할머니의 집, 장국영의 집, 찬실이의 집이 다 다른 공간이었다. 제작비 때문에 로케이션을 줄여 한 공간에 넣어야 했다. 운이 좋아 독특한 구조의 집을 찾을 수 있었다."

나의 독해는 감독의 의도를 찾는 데 번번이 실패했다. 하지만 '해석에 반대한다'는 타투 앞에서도, 나는 이 매혹적인 작품을 계속 해석하지 않을 수 없었다. 비평가에겐 그것이 사랑을 표현하는 방법이기 때문이다.

〈찬실이는 복도 많지〉 스틸 컷

〈찬실이는 복도 많지〉 촬영 현장

돌보는 일 없이, 영화도 없다

코로나19의 상황 속에서 2만이 넘은 관객이 〈찬실이〉를 찾았다. "여자 프로듀서 이야기를 누가 보고 싶어하겠느냐"는 영화 관계자들의 편견을 깨는 결과였다. 김초희는 〈찬실이〉가 2020년에 개봉한 것이 "대운大運"이라고 했다. 프로듀서로 일할 때 만났던 괴객과는 완전히 다른 관객들, 그러니까 페미니즘 리부트 이후 등장한 여성관객들이 극장을 찾았고, 〈찬실이〉의 성공은 그 덕분이라는 것이다.

그 '다른' 관객들이 눈여겨보았던 것 중 하나는 돌봄노동이 다뤄지는 방식이었다. 사실 '돌봄'은 김초희의 작품 세계에서 꾸준히 관철되어온 주제다.

단편 〈우리 순이〉의 주인공은 순이(예지원 분)의 전기밥통이다(밥통이 실제로 내레이션을 한다!) 밥통은 실연을 당하고 밥 한 끼 제대로 챙겨 먹을 기운도 없는 30대 중반의 순이에게 밥을 먹이고 싶다. 영화의 끝, 순이는 기운을 차리고 밥통에 밥을 해서 친구와 피크닉을 간다. 〈산나물 처녀〉는 여기에서 조금 더 나간다. 자신의 별에서 '좋은 남자'를 만날 수 없었던 순심(윤여정 분)은 남자를 찾아 지구까지 내려온다. 그러나 지구라고 해서 좋은 남자가 있을 리 없다. 순심은 지구에서 만난 '좋은 여자' 달래(정유미 분)와 함께 산나물을 캐며 좋은 남자가 나타나길 기다린다.

"관객을 염두에 둔 작품들은 아니었다. 남녀 관계를 통해 인간의 본질을 탐구해보고 싶었고, 그 과정을 통해 내가 어떤 사람인지 찾아가고 싶었다."

김초희에게 '인간의 본질'이란 어쩌면 '돌봄'일지도 모르 겠다. 찬실이, 소피(윤승아 분), 할머니, 그리고 영 역시 각자 의 방식으로 서로를 돌본다. 찬실이는 소피의 일상을 챙기 고, 소피는 찬실이에게 가사노동이라는 도피처와 생계 수단 을 제공한다. 할머니는 무심한 듯하면서도 찬실이가 괜찮은 지 살피고 찬실이는 시간을 내어 할머니의 한글 공부를 돕 는다. 찬실이는 영을 위해 도시락을 싸고, 영은 찬실이와의 적절한 거리를 유지하되 관계가 망가지도록 방치하진 않는 다. 어느 하나 유난스럽지는 않지만 정성이 필요한 일이고, 그것이야말로 일상을 이어가는 힘이 된다. 그의 영화들은 이렇게 돌보는 마음을 이야기의 바탕에 깔고 있다.

한편으로 찬실이가 프로듀서로 해야만 했던 온갖 노동에 대해서도 생각하게 된다. '예술영화' 하는 작가랍시고 (남 성) 감독이 예산을 비롯한 현실적인 조건들은 나 몰라라 할 때, 그 예술을 가능하게 하는 건 적은 예산 안에서 스태프를 꾸리고, 현장을 지휘하며, 감정노동까지 감당해야 했던 프 로듀서였을 터다. 지 감독의 영화에 투자했던 박 대표(최화정 분)는 "지 감독의 영화는 막말로 찬실이 같은 피디가 없어도 만들어질 수 있다"고 말하지만, 그 말은 틀렸다. 그 관리노동 없이, 그러니까 돌보는 역할을 하는 사람 없이는, 영화도 없다.

"Against Interpretation." 글을 시작했던 타투의 글귀로 돌아가보자. 나는 앞에서 김초희의 의도를 읽어내는 데 계속 실패했다고 썼다. 그건 정말 실패였을까? 수전 손택은 "작품 속에 있는 것 이상을 짜내지 말라"고 했다. 나는 늘 그 말에 충실하려고 노력한다. 그리고 나는 모든 '해석'이 이미, 텍스트와 콘텍스트를 가로지르는 김초희의 영화 세계 속에 있었다고 생각한다. 독자들께서는 어떠신가.

욕망하라,
다르게

연출작

<봄이 오는 동안>(2014)

<아포가토>(2016)

<상처>(2017)

<장례난민>(2017)

<아워 바디>(2018)

<블링크>(2020)

중학생 때 처음 청소년 센터를 다니면서 기본적인 카메라 작동법과 시나리오 쓰는 법을 배웠고, 고등학교 1학년 때 첫 영화를 찍었다. 한참 한국에서 UCC 열풍이 불 때였다. 대학 졸업 후 취미로 듣기 시작한 시나리오 수업을 계기로 한국영화아카데미에 입학하여 본격적으로 영화 공부를 시작했다. 세상을 떠난 어머니의 장례를 치르기 위해 고군분투하는 자매의 이야기를 그린 <장례난민>으로 제16회 미쟝센단편영화제 비경쟁시 부문 최우수작품상을 받았다. 장편 데뷔작 <아워 바디>는 제14회 오사카 아시안필름페스티벌에서 심사위원 특별언급상을 받았다. 이후 MBC에서 방영한 <SF8> 프로젝트에 참여하여 이시영 배우와 함께 여성 액션 SF <블링크>를 연출했다.

> "중요한 건 찍는 방식이 아니라
> 여성의 몸이 놓인 맥락이다. 자영이가 옷을 벗고
> 몸을 거울에 비춰보는 모습을 찍을 때도,
> 어디에 있는 어떤 근육을 찍을지
> 사전에 정확하게 조율했다. 여성의 몸 올 대충
> 훑는 것과는 다르게 보였을 것이다."

서른한 살의 자영(최희서 분). 희망고문에 시달리며 8년째 행정고시를 준비 중이다. 뜻대로 되지 않는 공부와 더욱 뜻대로 되지 않는 삶에 지쳐 시험을 포기해버린 어느 날, 동네에서 탄탄한 몸으로 가볍게 달리는 현주(안지혜 분)와 마주친다. 그리고 현주를 따라 자영은 달리기를 시작한다.

2019년 뜨거운 논쟁을 불러왔던 〈아워 바디〉의 초반부다. 처음 예고편이 공개되자 특히 여성관객들이 반겼다. 최근 여성의 몸 단련에 대한 관심이 높아졌고, 〈아워 바디〉가 그런 '건강한' 여성의 모습을 보여주리라 기대했던 것이다. 예고편 역시 그런 관객을 타기팅한 듯했다.

하지만 영화는 기대를 배반하면서 의외의 방향으로 흘러간다. 자영과 현주는 함께 달리면서 조금씩 가까워지고, 자영은 현주의 심연과도 같은 우울을 보게 된다. 곧이어 현주는 아마도 자의였을 교통사고로 세상을 떠난다. 등단을 하기 위해 오랫동안 써왔던 원고들을 남긴 채. 자영은 리서치 회사에서 아르바이트를 시작하지만 현주의 죽음에서 벗어나지 못한다. 그러던 어느 날, 중년의 남자 부장과 아무도 없는 사무실에서 섹스를 한다.

한 포털에는 이런 댓글이 달렸다. "예고편을 보고 기대한 만큼 실망스럽다." 영화는 관객들의 예상과 달리 건강한 정답이 아닌 은밀한 질문을 던졌다. 이건 위험한 배반이었다.

욕망과 우울,
그 무엇도 설명되지 않는

"시나리오를 썼던 30대 초반, 사회에 아무런 기대가 없었다. 시도한 모든 것이 실패한 것 같았고, 절망한 상태였다. 운동도 삶을 바꾸지 못한다는 생각을 했다."

한가람 감독이 말했다. 그러니 주인공이 외적인 변신을 통해 내면의 변화를 이뤄내고, 그렇게 성공과 행복에 한 걸음 다가서는 할리우드식 '메이크오버 필름Make-over Film'을 기대했던 관객들에겐 당연히 실망스러운 영화였을 터다. 한가람의 말처럼 "〈아워 바디〉는 〈악마는 프라다를 입는다〉 같은 영화는 아니었던 셈"이다.

그렇다고 〈아워 바디〉가 '젊은 여자가 나이 많은 남자를 유혹하는' 그렇고 그런 이성애 각본의 영화라고 할 수도 없다. 계단을 뛰어 올라오는 현주를 본 순간부터 매혹되어 그의 몸을 쫓는 자영의 시선 속엔 퀴어한 욕망과 긴장이 스며들어 있다. 그걸 지워버리면, 자영의 섹스는 전혀 이해되지 않는다.

영화에서도 자영이 인턴에 채용되기 위해 부장에게 성상납을 했다는 소문이 사내에 퍼진다. 이런 관계를 설명하는 가장 익숙한 프레임이기 때문이다. 하지만 자영은 "왜 다들 그렇게 생각해?"라고 반문한다. 그는 그저 "나이 많은 남자와 자보고 싶다"던 현주의 성적 판타지를 연기해본 것뿐이었다. 도대체 왜? 선명하게 설명할 수는 없다. 현주처럼 되고 싶었을 수도 있고, 현주를 안지 못하기 때문에 대신 그의 성적 판타지를 끌어안은 것일 수도 있다.

〈아워 바디〉가 퀴어영화로 읽히는 것에 대해 한가람은

〈아워 바디〉 스틸 컷

"예상하지 못했던 반응"이라고 말했다.

> "현주와 자영의 관계를 명확하게 규정하진 않았다. 사랑 이야기를 하고 싶었다면 두 사람이 사랑을 나누는 장면을 넣었을 거다. 그보다 현주는 자영에게 유토피아란 없다는 걸 보여주는 인물이었다. 그래서 퀴어영화를 기대하고 온 관객들이 실망하기도 했다. 퀴어 서사가 충분하지 않을뿐더러, 자영이 자꾸 남자들하고 자기 때문에."

어쩌면 이런 모호함이 〈아워 바디〉의 퀴어함이다. 자영은 이성애 규범은 물론 동성애 규범에 따라서도 행동하지 않는다. 그는 설명할 수 없는 방식으로 대상을 욕망하고, 그 욕망에 따라 행동하는 데 거침이 없다. 자영의 시선이 가닿는 신체를 다양한 사이즈의 클로즈업으로 잡아내는 장면들은 정제된 언어로는 표현할 수 없는 불온한 감정을 증폭시킨다. 한가람은 "자영은 이 세계가 규정한 '정상성'에서 거리가 먼 사람"이라고 설명했다.

다른 한편으로 영화는 상실감으로 가득하다. 끝내 이룰 수 없었던 꿈의 잔여가 스크린을 부유한다. 욕망도 마찬가지다. 굳이 그것이 무엇인지 확인하지 않았기 때문에 추구할 수 없었던 욕망이 '현주를 만지는 꿈'이나 '부장과의 섹스' 같이 기이한 형태로 스크린 위로 떠오른다. 이건 사회가 레즈비언의 욕망을 부정하고 금지했기 때문에 경험하는 상실과 우울, 그러니까 '레즈비언 멜랑콜리아'는 아니다. 그보다는, 아무리 노력해도 달성할 수 없는 목표와 익숙한 언어로 설명되지 않는 욕망이 서로 연동되면서, 가져본 적도 없는 것에 대한 그리움과 우울의 정조를 자아내는 것에 가깝다.

한가람은 〈아워 바디〉가 "한국인이 잘 이해할 수 있는 영화"일 거라 생각했다. "평범한 삶에 진입하는 것 자체가 너무 빡센" 한국사회에 대해 이야기하고자 했기 때문이다. 하지만 그의 기대와 달리 관객들 사이에는 "자영이 누구와 자는지"에 더 많은 관심이 쏠렸다.

한가람은 복잡하게 얽힌 욕망의 타래를 따라가는 것처럼 보였던 인물들의 시선에 대해서도 조금 다른 설명을 내놓았다.

"한국인은 나만 생각하고 살 수 없다. 부모님에 대한 부채감, 친구와의 관계 등 타인의 시선에 구애되어 산다. 내 인생이지만, 그렇게 눈치를 볼 수밖에 없다. 그래서 영화에서 서로가 서로를 바라보는 눈빛을 일부러 강조해서 찍었다."

그런 의미에서 이 영화는 여성의 섹슈얼리티에 대한 영화이자, 지금/여기 '헬조선'에 대한 낯선 묘사다. 〈아워 바디〉의 세계는 '따뜻한 색 블루'인 만큼이나 '비정성시City of Sadness'인 셈이다.

우주와도 같은, 자영의 몸

한가람은 여성의 신체를 카메라의 중심에 놓으면서도 지나치게 성적으로 보이지 않았으면 했다. 어떻게 찍을 것인가 촬영감독과 오래 토론하고 논의하면서 두 사람은 결론에 다다랐다.

> "클로즈업은 클로즈업이고, 미디엄쇼트는 미디엄쇼트일 뿐이다. 중요한 건 찍는 방식이 아니라 여성의 몸이 놓인 맥락이다. 물론 불필요한 노출은 피했다. 그리고 몸을 아주 디테일하게 찍으려 했다. 자영이가 옷을 벗고 달라진 자신의 몸을 거울에 비춰보는 모습을 찍을 때도, 어디에 있는 어떤 근육을 찍을지 사전에 정확하게 조율했다. 여성의 몸을 대충 훑는 것과는 다르게 보였을 것이다."

덕분에 〈아워 바디〉의 카메라는 여성을 포획해서 무기력하게 만들지 않는다. 오히려 여성 신체의 에너지가 화면을 통해 살아난다. 상실의 정조가 가득하지만, 동시에 활기가 느껴지는 건 이 덕분이다. 무엇보다 영화의 마지막은 아무런 희망을 약속하지 않으면서도 화사하다. 회사를 그만 둔 자영은 이제 자신의 성적 판타지를 실현하기 위해 고급 호텔의 펜트하우스로 올라간다. 룸서비스로 속이 꽉 찬 햄버거를 시켜 먹고, 자신을 옥죄던 브래지어를 벗는다. 그리고 자위를 시작한다.

"초고를 쓸 때 두 가지 엔딩이 있었다. 하나는 자영이 택배를 하는 거였고, 다른 하나는 마라톤에 나가

는 거였다. 둘 다 맞지 않는 느낌이었다. 고민을 하고 있을 때, 오디션에 참여했던 한 배우가 이메일을 보냈다. '몸에 관심이 없었던 사람이 자기 몸을 컨트롤할 수 있게 되었을 때, 그 이후의 삶이 어떻게 바뀔지 궁금하다'고 했다. 이게 엔딩이어야 한다는 생각이 들었다."

마지막 장면은 더 신경을 썼다. 자영의 몸이 "우주처럼 보였으면 좋겠다"고 생각했다. "자위는 달리기보다 훨씬 작은 움직임이지만, 그런 미세한 움직임이 거대한 움직임으로 다가오길 바랐다".

범죄의 언어가 여성의 성性을 포박해버린 2021년의 대한민국. 여성의 섹슈얼리티와 욕망은 쉽게 온당하지 않은 것, 여성을 위험으로 내모는 것으로 여겨진다. 그러나 지금 우리에게 필요한 건 여성의 섹스를 폐기하는 엄숙주의가 아니라, 규범적이고 남성중심적인 욕망의 회로를 벗어나 여성의 욕망을 다르게 잡아내는 언어다. 〈아워 바디〉는 맥락과 서사 안에 들어가 있는, 활기를 잃지 않은 여성의 몸을 그리는 새로운 영화 언어를 제시했다. 그렇게 〈아워 바디〉의 '위험한 배반'은 다른 길의 발견으로 이어진다.

말 못 할 사정,
하나쯤

연출작
<울지 않는다>(2007)
<사라진 밤>(2011)
<영주>(2018)

한국예술종합학교 영상원에서 영화 연출을 공부했다. 워크숍 작품으로 연출했던 <울지 않는다>가 2007년 부산아시아단편영화제, 서울국제가족영상축제, 부산국제어린이영화제, 인디포럼, 로스앤젤레스 아시안퍼시픽영화제 등에 초청되면서 주목을 받았다. 2011년 졸업 작품 <사라진 밤>을 연출했다. 이 작품으로 제13회 서울국제여성영화제에서 심사위원특별언급상, 제9회 서울국제사랑영화제에서 단편 코이노니아 부문 대상을 수상했다. 장편 데뷔 전 이경미 감독의 <미쓰홍당무> <비밀은 없다>에 스크립터로 참여했다. 김향기 주연의 <영주>는 장편 데뷔작이다. 2019년에 개봉한 홍승완 감독 작품 <배심원들>에서 시나리오 각색 작업을 했다.

"사정을 말하지 못하는
사람들의 이야기에 끌린다.
자기 사정을 잘 모르는 때도 있고,
말할 수 없는 조건일 수도 있다.
그런 사람들의 사정을 드러내는 것이
영화의 몫이라는 생각이 든다."

꼭 찾고 싶은 단편이 있었다. 10여 년 전 우연한 기회에 본 작품이었는데, 감독도 제목도 기억나지 않았다.

"엄마, 아빠 사진으로 액자 하나씩 만들어서 와라."

영화는 삼촌에게 걸려온 한 통의 전화로 시작된다. 중학생 소년은 집으로 달려가 부모님 사진을 찾아 사진관에 가보지만, 필름이 없으면 확대가 어렵다는 말을 듣는다. 집으로 다시 돌아갔더니 문이 잠겨 있다. 정신없이 나오느라 열쇠를 집 안에 두고 나왔는데, 집주인이 문을 잠가버린 것이다. 베란다를 타고 들어갔다가 이번에는 동네 주민에게 좀도둑으로 몰린다. 경찰서에 붙들려 가서도 뭐라 말을 하기가 어렵다. 도대체 뜻대로 되는 일이 하나도 없는 하루. 온종일 뛰어다니던 소년은 해 질 녘이 되어서야 부모님 영정 사진을 들고 버스에 올라탄다. 비로소 소년은 나지막하게 흐느낀다. 먹먹했다. 그리고 오래도록 그 마음을 잊지 못했다.

이번 인터뷰를 준비하면서 그 영화가 차성덕 감독의 첫 단편 〈울지 않는다〉라는 사실을 알게 되었다. 차성덕의 첫 단편영화를 틀고, 난처한 표정의 소년과 대면한 순간 알아볼 수 있었다. 그제야, '찾아 헤맸던 그 영화가 〈사라진 밤〉과 〈영주〉를 연출한 차성덕이 아니라면 누구의 작품일 수 있었겠나' 싶은 생각이 들었다.

숨구멍, 상실을 감각하다

〈울지 않는다〉의 동환(문준호 분)은 갑자기 일어난 사건을 소화하지 못한다. 입을 꽉 다물고 있는 건 이 상황을 설명할 말을 아직 찾지 못했기 때문이다. 시간이 지나면서, 서서히, 거대한 파도처럼 '후폭풍'이 밀려온다. 그렇게 동환은 버스를 타고 부모가 있었던 시공간에서 부모가 사라진 시공간으로 넘어가고 있다. 〈울지 않는다〉는 그 전환의 순간에 대한 영화다. 동환은 아마도 영화 속 오늘처럼 계속 애쓰면서 살아갈 터다. 〈영주〉의 영주(김향기 분)도 그랬으니까.

　"〈울지 않는다〉와 〈영주〉는 같은 지점에서 끝난다."

　차성덕이 말했다. 열아홉 살 영주 역시 5년 전 교통사고로
부모를 잃었다. 아직 어린 남동생을 책임지고 있는 가장. 삶
의 무게에 짓눌린 영주는 원망과 복수심이 얽힌 복잡한 마
음을 품고 교통사고로 부모의 목숨을 앗아간 상문(유재명
분)을 찾아간다. 그리고 자신이 누군지 숨기고 상문의 두부
가게에 취직한다. 복수심에 불탔던 마음은 상문·향숙 부부
와 가까워지면서 그들의 딸이 될 수도 있다는 희망으로 바
뀐다.
　하지만 언제나처럼 일은 뜻대로 되지 않는다. 영주가 누
군지 알게 된 상문과 향숙(김호정 분)이 괴로워하는 걸 보면
서 영주는 그들을 떠난다. 상문의 집에서 자신의 집까지 걸
어가던 영주는 한강 다리 위에서 강으로 뛰어내리려다 멈춘
다. 영화의 끝에 다다라서야 처음으로 소리를 내서 우는 영
주. 몇 번이고 울음을 터트려도 될 것 같은 순간들이 있었지
만, 이제야 운다. 그리고 영주는 다시 일어나 가던 길을 간
다. 카메라는 오래도록 그 뒷모습을 지켜본다.

〈영주〉스틸 컷

"일상을 지속한다는 건 대단한 일이다. 때로 그 안에서 갑자기 무언가가 삭제되는 순간이 있다. 그걸 깨달았을 때, 어떤 선택을 할 것인가는 개인에게 달려 있다. 동환과 영주는 살기로 했다. 삶이 희망차서가 아니라, 삶이 원래 그런 것임을 알면서 계속하기로 하는 거다."

차성덕의 설명을 들으며 나를 키워온 상실에 대해 생각했다. 상실은 피부를 구성하고 있는 숨구멍 같은 건 아닐까. 그가 최근에 읽은 한 칼럼을 인용하면서 이런 이야기를 했기 때문이다.

"어떤 문제나 소외된 사람들의 이야기가 '피부에 와 닿지 않는다'면, 그건 그 사람의 피부가 잘못된 것일지도 모른다."

그렇게 내가 피부의 숨구멍을 어떻게 열고 닫느냐에 따라 나의 피부는 훨씬 더 세상을 예민하게 감각하게 될 수도 있다. 그렇다면 상실은 우리를 파괴하는 것이 아니라, 우리를 짓는 것이다.

누군가의 삶의 진실에
다가갈 수 있을까

좀도둑으로 몰려 경찰에게 쫓기면서도 〈울지 않는다〉의 동환은 구구절절 설명하지 않는다. '어른'들 역시 동환의 말을 들으려 하지 않는다. 동환의 사정에 귀를 기울이기만 한다면 그를 이렇게 괴롭히지 않을 텐데 싶었다.

> "사정을 말하지 못하는 사람들의 이야기에 끌린다. 자기 사정을 잘 모르는 때도 있고, 말할 수 없는 조건일 수도 있다. 그런 사람들의 사정을 드러내는 것이 영화의 몫이라는 생각이 든다."

차성덕의 영화는 '각자의 사정'에 관심을 기울인다. 그리고 '각자의 사정'이란 차성덕의 표현으로 하자면 '진실'이다. 그는 "진실의 총량을 늘리는 작업에 관심이 있다"고 했다. 보통 진실이 하나라고 생각하지만 400명의 사람이 있으면 400개의 진실이 있는 거라고, 그 진실을 얼마나 담아낼 수 있느냐가 '이야기꾼'으로서 자신의 그릇의 크기일 거라고 말이다.

고집스럽게 입을 다문 동환의 얼굴은 〈사라진 밤〉의 일순(김자영 분)의 얼굴과 겹쳐진다. 50대 중반의 일순은 아픈 남

편을 돌보며 식당에서 일하고 있다. 집과 식당이 멀어 주중에는 근처 고시원에서 지내고 주말이 되면 집에 돌아가 남편을 보고 온다. 어느 날, 일순에게 형사(박원상 분)가 찾아온다. 지난 토요일 밤 남편이 사망했다는 것이다. 일순은 옆에서 자던 남편이 죽은 줄도 모르고 식당으로 출근한 참이다. 곧 남편이 질식사했다는 사실이 드러나고, 형사는 일순을 불러 심문한다. 그러나 일순은 토요일 밤이 전혀 기억나지 않는다.

모든 증거가 일순을 범인으로 지목하고 있지만 형사는 쉽게 일순을 체포하지 못한다. 기억을 통째로 잃을 정도로 일순의 고된 삶을 보았기 때문이다. 우리가 살고 있는 이 세계에서 빈곤은 무엇보다 시간을 앗아간다. 시간 속에서 쌓이는 기억이 '나를 나 자신'으로 만들 때, 시간을 빼앗기고, 기억을 잃은 자들은, 나 자신을 잃은 것이기도 하다.

　　"하지만 일순은 끝내 스스로 선택하는 고귀한 사람이다."

　차성덕은 강조했다. 마지막 장면에서 일순은 족쇄와도 같은 앞치마를 벗어놓고 형사를 따라나선다. 이건 일순의 선택이다. 이제 일순은 안다. 자신이 무엇을 했는지, 그리하여 어디로 걸어갈지.
　형사가 반복해서 취조 영상을 보며 일순에게 다가가듯이, 관객은 영화의 프레임을 통해 일순의 1분 1초와 만난다.

　　"영화를 매개로 한다는 건 카메라를 통해서 무언가를 보여준다는 거다. 취조실 영상도 그런 의미로 사용했다. 진실의 총량을 늘리고자 했을 때, 우리가 과연 화면을 통해서 진실에 다가갈 수 있을까. 내가 너의 사정을 안다는 것이 과연 가능할까."

〈영주〉 촬영 현장

그럼에도 불구하고 차성덕은 마음을 기울인다. "애초에 불가능하다는 걸 알면서도 계속 해보는 게" 무언가를 만드는 사람의 몫이라고 생각하기 때문이다.

차성덕은 본인이 나선형으로 가는 사람이라고 말했다. 처음에 가졌던 문제의식으로 자꾸 되돌아오면서도 조금씩 나아가고 있다는 말이다. 그의 영화 역시 그렇다. 동환과 일순이 자신의 사정을 깨닫는 과정에 있다면, 영주는 자신의 내면에 귀를 기울이게 되는 만큼이나 상문과 향숙의 사정을 보고, 그들의 삶을 이해하게 되는 사람이다. 동환과 일순이 어딘가 닮았고, 일순과 영주가 서로 만나지만, 그의 영화가 반복이 아니라 변주이자 확장인 이유다.

〈영주〉 스틸 컷

문을 만드는 사람

"영주를 보호해줄 부모가 없는 것과 어른 역할을 해
줄 사회가 부재한 것으로 나눠 생각했을 때, 당연히
후자의 문제가 더 크다."

한 인터뷰에서 차성덕이 한 말이다. 한 사람의 문제에서
시작되는 영화들이 결국 사회에 말을 걸게 되는 셈이다. 작
품을 통해 사회문제를 다루는 것이 무슨 의미냐고 물었다.

"문이 없는 곳에 문을 만드는 일이라고 생각한다. 제
주도에서 올레길을 걷는데, 벽이고 뭐고 아무것도 없
는 빈 벌판에 문틀이 하나 서 있었다. 어디로든 갈 수
있는데, 사람들이 굳이 문을 통과해서 가는 것이 흥
미로웠다."

수많은 사건들이, 포착되지 않은 채로, 이 세계를 흘러 다
닌다. 그 사건들에 의미를 부여하고 해석할 수 있는 틀을 만
드는 것. 차성덕이 이야기꾼으로서 마음에 품고 있는 소명
이다. 차성덕이 우리에게 열어줄 다음 문을 기다리게 된다.

잃어버린 것들이
머무는 곳

연출작
<불꽃놀이>(2015)
<남매의 여름밤>(2019)

자타가 공인하는 시네필이다. 장편 데뷔작 〈남매의 여름밤〉은 제45회 서울독립영화제 새로운선택상을 시작으로 제24회 부산국제영화제 한국영화감독조합상·KTH상·넷팩상·시민평론가상 등을 수상했고, 해외에서도 뜨거운 반응을 불러일으키며 낭뜨3대륙영화제 골든 몽골피에(최우수작품상), 제19회 뉴욕아시아영화제 언케이지드상, 제49회 로테르담 국제영화제 밝은미래상 등 유수의 영화제에서 수상했다. 〈시사저널〉이 선정하는 '2020 차세대 리더 100' 문화예술 분야에 이경미 감독과 함께 이름을 올렸다. 각본집 『남매의 여름밤』(2020)을 출간하기도 했다.

"고등학교 때까지 어디에도
소속감을 못 느꼈다. (…)
나를 온전히 이해해주는 사람이
아무도 없다는 고립감, 외로움, 그런 정서가
용희와 옥주에게 들어가 있는 것 같다."

대단한 철학보다 지극한 사랑이 아름다움을 완성하는 순간이 있다. 윤단비 감독의 〈남매의 여름밤〉이 선사하는 영화적 시간이 그렇다.

어떤 그리움

〈남매의 여름밤〉은 할아버지의 집으로 옥주네 가족이 이사를 가는 장면에서 시작한다. 텅 빈 반지하 집을 나서기 전, 옥주(최정운 분)는 벽에 걸린 액자를 바라본다. 액자 속에 무엇이 들어 있는지, 우리는 알 수 없다. 옥주-동주-아빠 세 식구에게는 이제 버리고 떠나도 무방한 어떤 것, 그래도 마음먹고 일부러 두고 와야 하는 무엇, 어쩌면 아빠와 이혼하고 집을 떠난 엄마와의 추억이 담긴 이미지였을 수도 있다. 카메라는 액자를 올려다보는 옥주를 관조하면서, 붙들고 싶지만 이제는 더 이상 내 것이 아닌 무언가에 대한 그리움을 담아낸다. 이후로도 영화는 그렇게 조용한 태도로 손때가 묻은 양옥집을, 음악을 듣는 할아버지를, 할아버지가 떠난 소파를, 그리고 가족의 웃음소리에 살랑살랑 흔들리는 정원의 푸른 잎을 담는다.

이런 공기 덕분에 사람들은 〈남매의 여름밤〉을 '노스탤지어의 영화'라고 부른다. 그리고 할아버지의 집을 가득 채운 물건들과 김추자의 〈미련〉 같은 노래에서 '레트로 감성'을 찾는다. 그러나 영화에서 노스탤지어를 자아내는 건 낡은 물건이나 오래된 음악을 이용해서 이미 사라진 시대를 흉내 내는 텅 빈 스타일이 아니다. 그보다는 이런 영화적 장치들을 통해서 외화된 윤단비의 근원적 고독이 상실과 그리움의 정조를 이룬다. 윤단비의 단편 〈불꽃놀이〉도 마찬가지였다.

〈불꽃놀이〉의 주인공인 고등학생 용희(안승균 분)에게는 의지할 가족이 없다. 단짝 친구 찬용과 우진이 마음을 나눌 수 있는 유일한 관계다. 많이 사랑하는 친구들이지만, 어

〈불꽃놀이〉 스틸 컷

쩐지 그들은 용희의 호의를 이용하는 것만 같다. 용희는 점점 그 마음을 의심하게 되고, 친구들은 바짝 마른 모래알처럼 그의 손바닥 위에서 미끄러져 내린다. 〈남매의 여름밤〉이 할아버지의 2층 집을 통해 이별의 과정을 통과하는 옥주의 마음을 체현體現하는 것처럼, 〈불꽃놀이〉는 세 친구가 숨어 들어가 작은 파티를 즐기는 폐허가 된 유원지의 미장센을 통해 용희의 쓸쓸함을 시각화한다.

용희와 옥주가 닮았다고 하자, 윤단비는 "고등학교 때까지 어디에도 소속감을 못 느꼈다"고 말했다. 그리고 "나를 온전히 이해해주는 사람이 아무도 없다는 고립감, 외로움,

<남매의 여름밤> 스틸 컷

그런 정서가 용희와 옥주에게 들어가 있는 것 같다"고 덧붙였다. 각양각색의 조각들로 이뤄진 세계에서 내 한 몸을 맞춰 넣을 빈자리가 없다는 난망함, 살아도 살아도 삶이 익숙해지지 않는다는 초초함이 나만의 것이 아니었다는 걸, 용희와 옥주의 이야기에서 함께 느낄 수 있었던 것은 이 때문일 터다. 덕분에 <불꽃놀이>와 <남매의 여름밤>은 쓸쓸한 이들에게 위로가 된다. 더불어 영화는 놓치지 않는다. 찰나였지만, 그런 서먹한 삶에도 불꽃처럼 빛나는 순간이 있었음을.

만남

우연성이 펼쳐진 순간,
영화라는 마법

윤단비는 한 인터뷰에서 "오즈 야스지로의 영화를 봤을 때, 나를 이해해주는 느낌이 들었다"고 말했다. 세계에 뿌리내리지 못하고 떠돌던 10대의 윤단비는 광주극장에서 자신의 자리를 찾았다. 대학에 들어가서야 비로소 "영화라는 단단한 소속감"을 만났다. 그에게 영화란 그런 존재였다. 영화를 보던 기억을 더듬는 그의 얼굴을 보면서, 내가 〈남매의 여름밤〉에서 느꼈던 그리움의 정체를 이해할 수 있었다. 가족에 대해 이야기하고 있는 이 영화가 어쩐지 나에게는 영화에 대한 영화로 다가왔던 것이다.

디지털 시대가 열리고 유튜브와 같은 각종 새로운 영상 플랫폼이 부상하면서 영상의 지속 시간은 점점 짧아지고, 편집의 템포는 한 프레임의 여유도 허락하지 않을 정도로 빨라졌다. 화려하고 자극적인 자막은 끊임없이 "이 장면은 이렇게 읽으라"며 사유와 해석의 가이드를 제공한다. 이것이 어쩌면 2020년대 '영화적인 것'의 모습이다.

그러나 '밀레니얼 감독'이라고 불리는 윤단비의 영화는 밀레니얼 시대의 영상 문법을 따르지 않는다. 〈남매의 여름밤〉의 카메라는 단 한 번도 서두르지 않는다. 자신의 무게에 책임을 지고 한자리에 앉아, 묵묵하게 인물과 사물에 시선을 뻗을 뿐이다. 이 영화에서 카메라는 그저 도구로 다뤄지는 것이 아니라 자신만의 존재감을 드러낸다. 그래서였다. 영화가 자아내는 노스탤지어가 다른 무엇보다 사라져가고 있는 '영화적인 것'에 대한 향수로 다가왔다. 그리고 할아버지의 길이 든 전축과 낡은 재봉틀처럼, 이제는 더 이상 아무도 찾지 않는 아날로그 기계들에서 필름 영화의 질감을 느꼈다.

〈남매의 여름밤〉이 사라져가는 '영화적인 것', 조금 더 구체적으로 말하자면 '필름 영화'에 대한 영화라고 생각했다는 말에, 윤단비는 이렇게 답했다.

"현장에 온 친구가 디지털카메라를 쓰면서 왜 필름 카메라처럼 찍느냐고 묻기도 했다."

필름을 아껴 찍듯이, 시간에 여유가 있어도 방만하게 촬영하지 않았다는 의미였다.

"카메라를 계속 돌리면, 확실히 편집 때 선택의 폭이 넓어진다. 하지만 그만큼 현장에서의 긴장감이 떨어질 수도 있다. 쇼트의 의미가 축소되거나 가벼워질까 봐 경계했다."

〈남매의 여름밤〉 촬영 현장

이런 아날로그적 감성은 영화의 대한 그의 또 다른 태도와 연결되어 있다. 이제 영화에서는 편집을 비롯한 후반작업이 더 중요한 요소가 되었고, CG와 후보정이 모든 것을 수정하고 결정할 수 있는 시대가 열렸다.

그러나 윤단비에게 영화는 작가가 그린 모든 것을 완벽하게 구현해내는 통제의 예술이라기보다는, 우연성을 포착하고 발견하는 허용의 예술이다. 그는 "영화감독은 현장을 통제하는 사람이 아니라 영화의 우연성을 영화 안으로 들어오도록 관장하는 사람"이라는 오슨 웰스의 말을 좋아한다고 했다. 〈남매의 여름밤〉을 찍을 때에도 영화를 해치지 않은 선에서 모든 것을 열어놓고 촬영했다. 골목을 뛰어가는 고양이, 집 앞을 지나가는 취객, 할아버지의 장례식장으로 향하는 택시 안에서 잠든 동주의 얼굴…… 보석과도 같은 순간들은 그렇게 포착되었다.

장소 상실의 시대의 '나만의 장소'

〈남매의 여름밤〉의 또 하나의 주인공은 할아버지의 집이다. 옥주보다 먼저 집에 들어가 있고 옥주보다 늦게 집을 떠나는 카메라 덕분에, 집은 자신만의 세계를 갖게 된다. 어쩌

〈남매의 여름밤〉 스틸 컷

면 영화 전체가 할아버지의 집이 꾸는 꿈일지도 모른다. 그런 생각을 하면 가슴이 시릴 정도로 아름답고 쓸쓸하다. 집이야말로 우리가 이미 잃어버린 그것이기 때문이다.

영화의 시작, 반지하 집을 나선 옥주네 가족은 다마스에 올라탄다. 그리고 벽면에 커다란 엑스 표시로 낙인이 찍힌 채 자신의 죽음을 기다리고 있는 다 부서진 집들을 지나친다. 곧이어 다마스는 폐허나 다름없는 골목길을 빠져나와 화려한 건물이 보이는 큰길로 들어선다. 그리고 그리움을 읊조리는 노래가 흐르기 시작한다. 이 장면은 우리 시대의 장소 상실을 포착한다. 모든 것을 빠르게 허물어 재개발하고, 부동산이 자산 증식의 지름길이 된 시대에, 어떤 공간에 애착을 가지고 그와 유기적인 관계를 맺는 호사는 잘 허락되지 않는다. 집이 '사는 곳to live'이 아니라 '사는 것to buy'이 되어버린 지금/여기. 할아버지의 집은 영화가 주는 또 하나의 위로다.

옥주는 공간과 특별한 관계를 맺는 사람이다. '액자'가 걸려 있는 집, 그 장소 상실의 현장을 등지고 할아버지 집으로 옮긴 날, 옥주는 낡은 집 2층 방을 차지한다. 친밀하지 않은 물건들 사이에서 모기장을 치고 자신의 자리를 만들면서 옥주는 할아버지의 집을 '나만의 장소'로 길들여간다. 그러므로 집 역시 옥주를 편안하게 감싼다. 옥주가 누구보다 할아버지를 이해하고, 할아버지의 집을 지키고자 하는 건 집과 친밀함을 나눴기 때문이다. 혹은 이 집 이후에는 무장소성의 시간만이 기다리고 있음을 직감했기 때문일지도 모르겠다.

인터뷰의 끝에 윤단비는 "VOD를 서둘러 내지 않고 가능한 한 극장에서 많은 관객들을 만나려고 한다"고 말했다. 〈남매의 여름밤〉다운 선택이라고 생각했다. 무엇보다도 지금 우리가 잃어가는 것은 영화를 만질 수 있는 특별한 공간, 그런 '장소'로서의 극장이니까.

이
경
미

낯설고 친밀한
'여자–사람'들의 세계

연출작

<오디션>(2003)

<잘돼가? 무엇이든>(2004)

<미쓰 홍당무>(2008)

<비밀은 없다>(2015)

<아랫집>(2017)

<러브 세트>(2018)

<보건교사 안은영>(2020)

'이경미 월드'로 불리는 독특한 작품 세계를 구축해왔다. 단편 <잘돼가? 무엇이든>으로 서울국제여성영화제 아시아 단편경선 부문 최우수작품상, 관객상 수상을 시작으로 그해의 단편영화제 서킷을 강타하면서 주목을 끌었고, '두 여자의 관계'에 대한 관심을 확장하여 장편 데뷔작 <미쓰 홍당무>를 내놓는다. 이 작품으로 제29회 청룡영화상 신인감독상과 각본상 등을 수상했다. 배우 손예진의 새로운 얼굴, 지금까지 잘 볼 수 없었던 치밀한 여성 수사물을 선보였던 <비밀은 없다>로 타의 추종을 불허하는 개성 있는 영화 세계를 열었고, 제36회 한국영화평론가협회 감독상, 제17회 부산영화평론가협회상 대상 등을 수상했다. 에세이 『잘돼가? 무엇이든』(2018)과 각본집 『비밀은 없다』(2017)·『잘돼가? 무엇이든』(2019)·『미쓰 홍당무』(2020)를 출간했다.

"나에 대한 기대를 배반하는
작품이 될 수도 있다는 걸 알고 있었다.
하지만 〈러브 세트〉에서 하고 싶은 것이 있었고,
피하고 싶지 않았다. 주변의 시선이나
평가를 의식하면서 그 안에
스스로를 가둘 수는 없었다."

장난감 칼과 권총을 들고 사람들을 해치는 젤리에 맞서
는 여성영웅의 이야기. 넷플릭스의 〈보건교사 안은영〉(이하
〈안은영〉)을 오랫동안 기다렸다. 드디어 공개되었을 때, 플
레이 버튼을 클릭하자마자 큰 소리로 웃었다. 이경미 감독
은 드라마 시작 2분 만에 주인공 안은영의 엄마를 말 그대
로 녹여버렸다. 타협 없는 영화적 세계, 이경미 월드가 다시
시작됐다.

'여자-사람'들의 세계

지난 20년간 한국 상업영화에서 인간의 기본값은 대체로 남자였다. 서사의 주요 동기 부여자로 시선의 힘을 쥐고 스크린을 장악했던 남자들. 이 사이를 비집고 나와 존재감을 드러내는 이경미 월드의 특별한 점은 인간의 기본값이 여자라는 점이다. 그건 "여자가 주인공이다"라는 말과 다르다. 여자가 주인공이라도 여전히 전형적이고 타자화된 프레임 안에 갇혀 있는 경우는 많다. 이경미의 영화에서 여자는 개성을 가지고, 각종 스테레오타입을 깨며, 욕망을 드러낸다. 유독 여자들의 다양한 얼굴을 볼 수 있는 건 이 때문이다. 무엇보다 여자 캐릭터가 남자와의 관계 안에서 규정되지 않는다. 그래서 이경미에게 '사람'이란 '여자'인 것 같다고, 종종 생각했다.

〈잘돼가? 무엇이든〉(이하 〈잘돼가?〉)에서부터 장편 데뷔작 〈미쓰 홍당무〉 〈비밀은 없다〉 〈아랫집〉 그리고 〈러브 세트〉에 이르기까지, 그의 작품에는 온갖 이상한 여자들이 등장한다. 그들은 납득할 수 없는 선택을 하고 아귀가 맞지 않는 행동을 이어간다. 그건 이경미가 보는 인간의 내면, 인간의 욕망이 매끈하지 않기 때문이다.

〈미쓰 홍당무〉의 미숙(공효진 분)이 수학여행 사진에 찍히기 위해 최선을 다해 점프하는 순간처럼, 빛나기를 꿈꾸

〈미쓰 홍당무〉 스틸 컷

는 자가 한없이 초라한 현실 속에서 고군분투하면서 만들어
내는 아이러니가 이경미식 골계미의 요체였다.

인간의 얼굴을 여자로 그리면서, 이경미는 여자들 사이의
관계를 탐구한다. 그의 영화 속에서는 늘 두 여자가 만나고
얽히고 꿈틀거린다. 남자들은 그런 관계의 장을 열어주고
사라진다. 〈잘돼가?〉에서 두 여자 지영(최희진 분)과 희진
(서영주 분)이 가까워지는 계기를 만들어주는 사장은 이경
미 월드가 선보이는 남자 캐릭터의 원형과도 같은 존재다.
두 '여직원'에게 탈세를 위한 서류 조작을 지시하는 이 남자
는 얼굴 없는 목소리로만 등장한다. 그는 이 엿같은 세계를

〈비밀은 없다〉 촬영 현장

결정짓는 노동의 조건일 뿐, 그에게 인격이 부여되지 않는 셈이다. 그런 사장에게 잘 보여야만 하는 말단 '여직원'인 두 사람은 갈등하고, 경쟁하고, 그러면서도 협업하는 끝에, 마침내 손을 잡는다.

이경미가 만들어놓은 세계에서 여자들은 서로를 구제한다. 구제救濟. 〈보건교사 안은영〉의 옴잡이 백혜민(송희준 분)의 위장에 새겨져 있던 말이다. 타인을 어려움에서 구한다는 의미를 가지고 있는 이 단어는 〈안은영〉을 관통하는 주제어이기도 하다. 은영(정유미 분)이 젤리를 제거하듯 혜민이는 옴을 먹는다. 사람을 돕고 구하는 사명을 가진 여자―사람인 은영과 혜민은 서로를 온전히 이해할 수 있는 유일한 존재들이다. 〈미쓰 홍당무〉의 미숙과 종희, 그리고 〈비밀은 없다〉의 민진이와 미옥이가 그랬던 것처럼, 두 사람은 서로를 본다. 평범한 인생을 살고 싶지만 타고난 소명을 회피하거나 돌아갈 수 없다. 그 고통을 알기 때문에 은영은 혜민의 위절제술을 돕고 영원히 반복되는 굴레에서 벗어나도록 그를 구원한다.

중학교의 '왕따 교사' 미숙의 영웅 버전이기도 한 은영은 〈비밀은 없다〉의 연홍(손예진 분)이 하고자 했지만 해내지 못했던 일을 해낸다. 딸 민진(신지훈 분)을 땅에 묻어야 했던 연홍과 달리 은영은 목련고 학생들이 "아무도 다치지 않도록" 안전하게 구해낸다. "씨발씨발" 욕을 입에 달고 있지만, 은영은 타인을 생각하고 선한 일을 하며, 자신의 행동에 책임을 지는 어른이다. 그런 의미에서 은영은 지금까지의 이경미의 여자들과도 또 조금 다르다.

사랑으로, 구제하다

이경미 영화는 남성 중심의 사회에서는 은밀한 곳으로 숨어 잘 드러나지 않는 여성 간의 퀴어한 관계를 그린다. 〈잘돼가?〉의 지영과 희진의 맞잡은 손과 〈미쓰 홍당무〉의 미숙과 종희의 맞댄 등은 '퀴어 커플 탄생'으로 해석되었고, 〈비밀은 없다〉와 〈안은영〉은 민진이와 미옥이, 혜민과 래디의 연애를 본격적으로 소개했다. 하지만 〈잘돼가?〉와 〈미쓰 홍당무〉의 경우 '이렇게 하면 퀴어로 보이겠다'는 작전을 가지고 쓴 건 아니었다.

> "두 영화는 만나지 않을 것 같았던 사람들이 만나서 좋아지는 이야기다. 나는 그런 이야기가 좋다. 그런데 또 '남자랑 여자가 만나서 안정감을 느낀다, 무언가가 완성된다'는 유의 이야기에 크게 설득된 적이

없다. 그러다 보니 쓰게 된 이야기였다.”

　의도하지 않았지만 퀴어적으로 읽혔던 건, 작품들의 중심에 여자들 간의 친밀성이 놓여 있기 때문이다. 그 친밀성의 밀도는 강렬하다.

　〈러브 세트〉는 친밀성을 넘어 레즈비언 섹슈얼리티를 본격적으로 다룬 영화였다. 아이유(이지은 분)는 자신의 선생님이자 아빠의 애인인 두나(배두나 분)가 아빠와 결혼하는 것이 싫다. 어느 날 테니스장에서 만난 두나와 아이유는 “아빠와의 결혼"을 건 한판 승부를 시작한다. 결과는 두나의 완승. 하지만 두나는 아이유에게 "결혼하지 않겠다"고 말한다. 격렬한 섹스와도 같았던 테니스 경기를 통해 자신을 향한 아이유의 마음을 온몸으로 받아들였기 때문이다. 영화의 끝, 스치는 두 사람의 손끝에서 우리는 아이유의 사랑이 아빠가 아닌 두나를 향하고 있었다는 걸 확인하게 된다.

테니스 스커트를 입은 아이유와 두나가 거친 숨을 내쉰다. 아이유의 입 주변으로 고이는 자두의 과즙과 깨진 무릎에서 흐르는 피는 그의 욕정과 첫 섹스를 은유한다. 영화는 "섹스! FUCK!"이라고 외치기를 주저하지 않는다. 이러한 장면을 통해 관객은 두 사람의 육체적 생동감과 성적 에너지에 주목하게 된다. 대중문화에 재현된 카메라의 남성화된 시선과 여성 신체의 성적 대상화에 대한 논쟁이 한참 뜨거웠던 2018년, 영화는 스스로 이 논쟁을 껴안고 뒤틀었다. 남자들이 무기력한 구경꾼이 되어버린 이 테니스코트에서, 주인공은 여자들이었다. 과감한 시도였다.

> "나에 대한 기대를 배반하는 작품이 될 수도 있다는 걸 알고 있었다. 하지만 〈러브 세트〉에서 하고 싶은 것이 있었고, 피하고 싶지 않았다. 주변의 시선이나 평가를 의식하면서 그 안에 스스로를 가둘 수는 없었다."

〈러브 세트〉 촬영 현장

섹슈얼리티를 드러내지 않음으로써 여성 신체를 안전지대에 놓으려 하기보다, 오히려 노골적으로 드러냄으로써 그 아름다움을 여성의 힘으로 전유하는 시도가 〈러브 세트〉에서 펼쳐진다. 그렇게 등장하는 배두나의 신체는 압도적이고, 그가 틀어쥐고 있는 시선의 힘은 강인하다. 이지은의 얼굴에는 그가 배우로서 한 번도 보여주지 않았던 은밀한 욕망이 떠오른다. 이경미는 덧붙였다.

"그렇게 아름다운데, 왜 가려야 하죠?"

"부족한 남자"와의 새로운 파트너십

〈안은영〉에서 "대중에게 어필하기 위해 하고 싶은 것을 포기하는 식의 타협이 없더라"라고 말했을 때, 이경미는 "그렇지 않다"고 답했다. "늘 여자들 사이의 관계를 다루어왔다. 이번에는 그런 파트너십이 또래의 남자로 바뀌었고, 이점은 일종의 타협처럼 시작됐지만 원작 덕분에 새로운 전환이 되었다"는 것이다. 하지만 스스로 설득이 되지 않으면 쓸 수도, 찍을 수도 없다는 그의 말이 떠올랐다. 은영의 남성 파트너인 홍인표(남주혁 분)의 캐릭터에는 어떻게 설득되었을까.

　"부족한 두 사람이 만난다는 생각에서부터 시작했
다. 그러니까 두 사람의 관계가 이해되었다. 홍인표는
다리가 불편한 걸 숨기고 싶어하는 사람이다. 다리가
불편하다는 것이 포인트가 아니라, 그걸 숨기려 한다
는 것이 포인트다. 은영이도 자신의 능력을 숨기고 싶
어한다. 두 사람이 만나서 굉장한 힘이 생긴다. 그것
이야말로 판타지인데, 그 판타지에 설득이 됐다."

　이경미 월드에 등장하는 (아직까지는) 유일하게 '주인공
이 끝까지 믿는 남자-사람'인 홍인표는, 이경미에겐 또 다
른 도전이었을지도 모른다. 홍인표 이후의 이경미 월드, 궁
금해진다.

　인간 내면의 달고 짠 모습들을 두루 탐구하는 것에서 재
미를 느끼지만, 그럼에도 불구하고 "늘 '사랑'을 이야기하고
싶었다"고 이경미는 말했다. 문득 "사랑이 혐오를 이긴다"는
말이 떠올랐다. 〈안은영〉은 소수자 인권이나 노동권 문제
등 사회적 이슈를 말할 때 편을 정하기를 망설이지 않았다.
그러므로 이경미가 말하는 '사랑'이 말랑말랑하지 않은 것
만은 분명하다. 그 사랑은 우리의 몸에 파고들어 형질 자체

를 바꿔버리는, 하트 젤리와도 닮았다. 반짝반짝 예쁘지만,
기어코 치명적인.

2

한국영화의 전환을 이끌었던 여성들

열세 명의 찬란한 감독들과의 인터뷰가 가능했던 것은 2010년대 후반 한국영화에 밀려온 '여성영화의 새로운 물결' 덕분이었다. '새로운 물결'이란 말은 이전 영화들과의 단절과 어떤 드라마틱한 전환을 상상하게 한다. 그리하여 역설적이게도 이미 우리에게 역사가 있었으며, 그 역사를 만들어온 사람들이 있었다는 사실을 되새기게 해준다. 2부에서는 지금/여기에서 여성영화의 새로운 물결을 가능하게 했던 한국 여성영화인들의 이야기를 간단히 소개하고자 한다. 1부에서 2019~2020년에 개봉작을 선보였던 극영화 감독들을 중심으로 만났던 것처럼, 이 글에서도 극영화를 중심으로 살펴보게 될 것이다.

지금부터 이야기를 펼쳐놓으려고 하는 1990년대 초반에서 2000년대 중반에 이르는 15년 정도의 시간은 한국영화에 있어서 중요한 전환기였다. 이 시기의 여성영화인과 페미니스트 영화이론가들은 그야말로 남초의 공간이었던 영화산업과 비평계에서 셀룰로이드 실링celluloid ceiling, 영화산업 내의 유리천장을 녹이고 전문가로서 역량을 발휘하기 시작했다. 그리고 역동적인 변화를 만들어내면서 한국영화 신新르네상스기를 이끌었다.

1
"여성영화로 가요, 내가 책임져요"

1990년대식 로맨틱코미디의 대표작 중 한 편이었던 〈마누라 죽이기〉(1994)는 영화사 '바지 사장' 박봉수(박중훈 분)와 실세 기획실장 장소영(최진실 분) 부부 사이에 벌어지는 우여곡절을 그린 영화였다. 이 작품은 〈나의 사랑 나의 신부〉(1990)의 커플이 다시 만났다는 점에서도 주목을 끌었지만, 당시 시대상을 반영하면서 큰 인기를 누렸다. 영화에는 지금 봐도 눈이 번쩍 뜨이는 장면이 하나 등장한다. 영화사에서 제작 중인 작품의 편집권을 놓고 대중적인 감각이라고는 찾아볼 수 없는 고리타분한 남자 동료들과 갈등하던 중에 소영이 크게 소리를 치는 장면이다.

"여성영화로 가요. 남자(관객) 한 명도 안 와도 돼요.
손님 들고 안 들고는 기획자인 내가 책임져요."

소영 캐릭터는 당시 영화계에서 활발하게 활동하던 실존 여성 기획자를 모델로 만들어진 것으로 알려져 있다. 이 대사는 여성영화인과 여성영화 관객이 상호작용하면서 열린 1990년대를 잘 보여준다. 여성이 만들고, 여성이 주인공이며, 여성이 보는 영화의 시대. 이후 30년간, 여성영화인들은 한국영화 산업의 드라마틱한 성장의 중심에 있었다.

관객이거나 연기자거나: 여성들이 한국영화를 만나온 방법

여성영화의 새로운 물결이 극장을 휘감아 돌았던 2019년, 한국사회는 한국영화 탄생 100주년을 기념했다. 그 짧지 않은 시간 동안 여성들은 한국영화와 말하자면 '애증'의 관계를 맺어왔다.

1996년 임순례 감독이 〈세친구〉로 장편 데뷔를 하기 전까지, 한국영화사에 기록된 (개봉 영화 기준) 여성감독은 단지 다섯 명에 불과했다. 1955년 〈미망인〉을 발표했던 대한민국 첫 여성감독 박남옥을 시작으로 〈여판사〉(1962)의 홍은원, 〈민며느리〉(1965)·〈공주님의 짝사랑〉(1967) 등의 최은희, 〈첫경험〉(1970)의 황혜미, 그리고 〈수렁에서 건진 내 딸〉(1984)로 데뷔한 이후로 〈물망초〉(1987)·〈영심

<미망인>을 촬영하던 당시의 박남옥 감독

이〉(1990) 등의 청춘영화로 주목을 끌었던 이미례가 전부다.

이중에서도 박남옥 감독은 한 장의 사진으로 우리에게 잘 알려져 있다. 치마저고리에 고무신을 신고 포대기에 싼 아이를 들춰 업은 전신사진이다. 박 감독은 출산 직후 〈미망인〉을 촬영하기 시작했는데, 아이를 맡길 곳이 없어 사진과 같은 모습으로 현장을 지휘했다고 알려져 있다. 그는 카메라를 쳐다보고 있는데, 그 표정이 상당히 도전적이면서도 어딘가 피곤해 보인다. 이런 면모에 더해, 그는 스태프들 밥까지 직접 해서 살뜰하게 챙겨 먹였던 '어머니 같은 감독'으로 소개되곤 한다. 하지만 미군정기 미국공보원USIS에서 일

역사

했을 뿐만 아니라 한국전쟁 당시에 국방부 촬영대에 입대해 전장의 한가운데에서 뉴스릴을 제작했던 이력 역시 주목해 볼 만하다. 풍문에 따르면 박남옥은 대단한 장부(丈夫, 아니 丈婦라고 써야 할까)였다고 한다. 이 사진 한 장은 남성중심적인 영화판에서 여성감독으로 살아남기란 얼마나 고된 일이었을지, 그리고 그가 당시 한국사회가 만들어놓은 여성성의 스테레오타입과 어떻게 경합하고 협상했어야 했는지, 온갖 상상의 나래를 펼치게 한다.

그렇게 한국영화 산업에서는 오랫동안 여성감독들이 활동하기 어려운 상황이 펼쳐졌다. 연출 부문만이 아니다. 편집과 의상 부문을 제외한다면 여성을 찾아볼 수 있는 영역은 거의 없었다. 1950년대부터 1990년대까지 한국영화 안팎에서 열정적으로 활동했던 여성영화인, 여성관객, 그리고 여성 재현의 역사를 기록한 『여성영화인사전』(2001)을 마무리하면서 영화학자 주진숙은 "1980년대까지 여성영화인의 대다수는 여성 연기자들이었다"고 정리한다. 그렇게 한국영화 산업에서 여성은 대체로 관객이거나 연기자의 자리에 국한되어 있었다. 관객과 연기자는 물론 폄하되어서는 안 되는 중요한 위치다. 하지만 당시 여성이 영화에 참여할 수 있는 역할이 한정되어 있었음을 부정하기는 어렵다.

이처럼 지독하게 남초 집단이었던 한국영화 산업에 새로

운 바람이 불기 시작한 것은 1980년대 말에 이르러서였다. 1985년 발효된 제5차 영화법 개정안에 따라 영화시장이 자유화되고 1987년 정치적으로 제도적 민주화가 달성되자, 영화산업에도 지각변동이 일어났다. 삼성·대우·선경 등 대기업이 영상산업으로 눈을 돌렸고, 젊은 인력이 충무로로 유입됐다. 그러면서 영화계에서는 주먹구구식으로 영화를 제작했던 관행에서 벗어나 한국영화를 할리우드처럼 '산업화'하려는 움직임이 싹튼다. 영화를 '상품'으로 보고 주요 관객층을 대상으로 기획, 투자, 제작, 배급, 유통하는 구조가 자리 잡기 시작한 것이다. '기획영화' 시대의 시작이었다.

이와 함께 '마케팅' 개념이 도입된다. 이 시기에 여성들이 기획과 홍보 분야를 중심으로 영화산업에 진입한다. '문화의 시대'이기도 했던 1990년대는 여성들의 대학 진학률이 올라가고 기업이 유연한 노동력으로서 고학력 여성노동자들을 필요로 하던 때이기도 했다. 자기 지갑을 가지고 문화적으로 훈련받은 여성들이 대중문화 산업의 소비 주체로 부각되었다(좀 더 자세한 이야기는 「페미니즘 리부트: 한국영화를 통해 본 포스트페미니즘과 그 이후」, 『페미니즘 리부트』[나무연필, 2017]를 참고할 것). 1990년대 한국영화를 주름잡았던 로맨틱코미디는 이처럼 제작과 소비, 양방향에서 일어난 변화와 함께 부상했다. 트렌드를 주도하는 여성소비자와 그런 트렌드를 잘 포착하는 여성 기획자가 만난 자리에 여성주인공이 자신의 성과 사랑, 그리고 일에 대해서 이야기하는 한국형 로맨틱코미디의 관습이 자리 잡았다. 이러한 흐름 속에서 소영의 "여성영화로 가요"라는 대사가 등장하게 된다.

기획영화의 시대와 여성제작자들

일단 문턱을 넘어서자, 여성들의 영화산업으로의 진출은 막을 수 없는 시대적 흐름이 되었다. 여성영화인의 양적, 질적 팽창을 보여주는 상징적 사건으로 2001년 '여성영화인모임' 결성을 꼽는 것은 의미 있는 일일 터다. 당시 주진숙 중앙대 교수, 채윤희 올댓시네마 대표를 공동준비위원장으로, 심재명 명필름 대표, 김미희 좋은영화 대표, 임순례·변영주 감독, 김윤희 촬영감독, 유지나 동국대 교수, 장미희·방은진 배우 등 33인의 준비위원이 단체 결성 과정에 함께했다. 준비위는 "각 분야 전문 인력 400여 명을 포괄할 계획"이라고 밝혔다. 이 중에서도 채윤희, 심재명은 특히 주목할 만한 영화인들이다.

지난 20년간 여성영화인모임 대표직을 수행해온 채윤희는 "그의 모든 순간이 한국영화계 홍보마케팅의 최초였다"(이화정)는 평가를 받는다. 제5차 영화법 개정으로 누구

나 영화사를 설립할 수 있게 되었던 1980년대 말, 그는 양전
홍업과 삼호필름을 거치면서 1990년대 초 〈나의 사랑 나의
신부〉〈첫사랑〉 같은 영화의 홍보마케팅으로 경력을 쌓았
다. 그리고 1994년 대한민국 최초의 영화 홍보마케팅 회사
'올댓시네마'를 설립한다. 올댓시네마의 첫 홍보작이었던
브루스 윌리스 주연의 〈컬러 오브 나이트〉는 영화 마케팅
의 전설로 남아 있다. 1994년 할리우드에서 '그해 최악의 영
화'로 꼽혔던 영화를 "지금 새로운 자극이 시작됐다!"는 카
피로 국내에서 흥행 성공시켰던 것이다. 이는 한국영화산업
에서 홍보마케팅의 중요성을 알린 사건이었다. 이후로 〈쉬
리〉(1999)·〈매트릭스〉 시리즈·〈해리포터〉 시리즈 등 대작
들의 홍보마케팅을 맡았고, 창립 25주년을 맞이한 2019년
까지 '올댓시네마'가 한국사회에 알린 작품 수는 500여 편
에 달한다.

　#영화계_내_성폭력과 #미투 이후 2018년 설립된 '한국
영화성평등센터 든든'의 초대 공동센터장을 역임한 심재
명 역시 한국영화 신르네상스기를 이끌어온 대표적인 여성
영화인이다. 1980년대 말 합동영화사(서울극장) 기획실의
카피라이터로 영화 경력을 시작한 심재명은 1992년 개봉
하면서 한국 기획영화의 시작을 알렸던 김의석 감독의 〈결
혼 이야기〉의 홍보를 맡았다. 합동영화사 시절 "미스 심"

으로 불렸다는 그는 이후 '명필름'을 설립하고 "심 대표"가 된다. 〈접속〉(1997)·〈조용한 가족〉(1998)·〈공동경비구역 JSA〉(2000) 등 영화사에 남는 히트작을 비롯해서 〈와이키키 브라더스〉(2001)·〈버스, 정류장〉(2002)·〈질투는 나의힘〉(2002)·〈우리 생애 최고의 순간〉(2007)·〈파주〉(2009)·〈카트〉(2014) 등 한국영화사에 기록된 중요한 여성감독들의 작품을 기획했고, 〈바람난 가족〉(2003)·〈아이 캔 스피크〉(2017)·〈나의 특별한 형제〉(2018)와 같은 새로운 여성캐릭터를 선보이는 작품과 〈박화영〉(2017) 등의 작은 영화 제작에도 기여했다.

2016년 무렵, 한 여성프로듀서가 신문 인터뷰에서 "한국영화계에는 성차별이 없다"고 말한 것이 화제가 됐었다. 1990년대 이후 홍보마케팅과 기획, 제작의 영역에서 여성들이 비교적 평등하게 활동한 것은 사실이라고들 평가한다. 영화계의 **다른 분야에 비해** 능력으로 승부할 수 있는 분야이기 때문이다. 그렇게 능력으로 불평등한 구조를 돌파해낸 뛰어난 개인은 구조적 차별보다는 개인의 성취에 주목하고 싶어한다. 하지만 특출한 여성만이 살아남는 현실이 이미 차별을 증명하며, 심지어 한정된 분야에서만 그렇다면 영화계 전반의 평등을 말하는 건 섣부른 일이다. 내가 채윤희, 심재명이라는 이름을 강조하고 싶었던 이유는 이들이 스스

제1회 서울여성영화제 여성영화인의 밤 행사 모습

로 셀룰로이드 실링을 극복한 뛰어난 인물이라고 해서 "차별이 없다"고 말하지는 않는다는 점 때문이다. '여성영화인'으로서의 정체성을 놓지 않으며, 여성영화 인력양성, 평등한 영화제도 정착, 영화계 성평등 문화 확산 등을 자신의 소명으로 삼는 선구자들. 그런 선구자들로서 이 두 사람은 기록하여, 기억할 만하다.

여성 기획자들의 성장과 함께, 연출의 영역에서도 천천히 여성감독들의 활동이 움트기 시작했다. 여성감독들이 등장한 배경에는 1990년대에 확장되기 시작한 단편영화의 장이 있었다. 제1회 서울단편영화제에서 〈우중산책〉(1994)으로 대상을 받은 후 1996년 〈세친구〉를 내놓은 임순례를 비롯하여 〈질투는 나의 힘〉(2002)·〈파주〉(2009)의 박찬옥, 〈고양이를 부탁해〉(2001)·〈태풍태양〉(2005) 등의 정재은, 〈4인용 식탁〉(2003)·〈해빙〉(2015) 등의 이수연 등 여러 감

역사

독들의 단편이 당시 서울여성영화제(현재 서울국제여성영화제) 등의 영화제를 통해 주목을 받았다. 이렇게 1990년대 단편독립영화의 급진적 발전이 1990년대 말, 2000년대 초 여성감독들의 등장에 큰 영향을 미쳤다. 이는 "1990년대의 의미 있는 사건"(주진숙)이었다. 이제 한국 여성감독의 역사를 풍부하게 해온 1990년대부터 2000년대 초반 여성감독들의 이름과 함께 그들의 단편영화에 대한 이야기로 넘어가보자.

2
새로운 계보의 시작,
여성감독군[#]의 탄생

1990년대 '문화의 시대'로의 전환은 영화판에도 지각변동을 일으켰다. 새로운 여성영화 인력의 등장은 이 덕분이었다. 변화는 연출의 영역에서도 일어났다. 1990년대 중반까지 한국에서 감독으로 데뷔하기 위해서는 오랜 기간 도제식 훈련을 거쳐야 했다. 이 도제 시스템은 남성감독 중심의 네트워크를 바탕으로 했고, 여성에게 별로 호의적이지 않았다. 그것이 1919년 〈의리적 구토〉로 조선영화가 시작되어 1996년 임순례 감독의 장편영화 〈세친구〉가 개봉되기 전까지, 단 다섯 명의 여성감독만이 개봉작을 낼 수 있었던 이유 중 하나다. 1990년대에 열린 단편영화의 장은 감독들이 도제 시스템 밖에서 데뷔할 수 있는 또 다른 발판이 되어주었다. 덕분에 여성감독들이 장편영화로 진입할 수 있는 또 다른 경로를 발견할 수 있었던 것이다.

여기서는 여성영화 스트리밍 서비스 퍼플레이(www.purplay.co.kr)에 업로드된 작품들을 중심으로 작품을 소개해볼까 한다(2021년 4월 서비스 기준). 2020년 퍼플레이에서는 다른 OTT 서비스들이 크게 관심을 가지지 않았던

1990년대에서 2000년대 여성감독의 단편영화들을 수집해서 '90~00 언니들의 영화'라는 기획전을 통해 유저들에게 소개했다. 잊힌 영화들, 다시 찾아보기 힘든 작품들을 아카이빙 하는 퍼플레이의 활동은 여성의 역사를 쓸 때 큐레이팅과 아카이빙 작업이 얼마나 중요한지 다시 되새기게 한다. 더불어 2020년 코로나 시국과 함께 단편영화가 관객들을 만날 수 있었던 영화제 장이 많이 위축되었다. 이를 계기로 한국영화제 판에도 어떤 종류의 지각변동이 일어나지 않을까 생각하던 차에 대표적인 단편영화제이자 스타 감독 배출 공간이었던 미쟝센단편영화제가 잠정 폐지를 선언했다. 그렇다면 관객은 또 어떻게 단편영화들을 만날 수 있을까? OTT 서비스가 단편영화의 새로운 유통의 장으로서 의미 있는 역할을 해내게 되지는 않을까. 이런 고민을 담아 퍼플레이의 플레이리스트에 주목해보자.

단편영화 시대의 시작과
임순례의 〈우중산책〉

한국영화 역사에서 지금처럼 단편영화가 활발하게 제작되기 시작한 건 30년이 채 되지 않은 일이다. 영화 관계자와 평론가들은 대체로 1994년 제1회 서울단편영화제의 개최를 단편영화 대중화의 기점으로 꼽는다. 바로 이 영화제에서 임순례 감독의 〈우중산책〉이 대상과 젊은 비평가상을 수상했다. 프랑스 유학파였던 임순례는 도제 기간 없이, 여균동 감독의 〈세상 밖으로〉(1994) 단 한 편의 조감독을 거쳐 〈우중산책〉으로 "'감독' 타이틀을 얻게"(김진국) 된다. 이어 발표한 장편 데뷔작 〈세친구〉가 제1회 부산국제영화제 넷팩상 수상작에 이름을 올리면서 임순례는 주목받는 신인 감독으로 급부상했다. 1980년대 말 1990년대 초 당시, 영화판에서 이름을 알 만한 여성감독은 유현목 감독의 조감독 생활을 오래했던 이미례 감독 한 명이었던 것을 생각하면, 확실히 임순례 케이스는 새로운 변화의 시작이었던 셈이다.

1980년대 후반, 그 전까지 사회변혁운동과 영화운동의 일환으로 제작됐던 단편영화가 다채로워지기 시작한 배경에는 1987년 민주화 이후 넓어진 표현의 자유와 1980년대 중반에 결성된 대학가 영화동아리를 통한 예비 영화인들의 성장이 있었다. 이와 함께 이 시기에 〈우중산책〉을 제작한 '청년'이나 한국 최초로 일본군 '위안부' 피해자의 목소리를 담은 다큐멘터리 〈낮은 목소리〉 시리즈(변영주)를 제작한 '영화제작소 보임' 같은 영상 단체들이 결성되었으며, 서울단편영화제를 비롯하여 부산국제영화제(1996), 부천국제판타스틱영화제(1997), 서울여성영화제(1997)[2008년 제10회부터]

〈우중산책〉 스틸 컷

등이 문을 열면서 대중과 단편
영화의 접점 역시 넓어졌다.

그러한 새로운 흐름 속에 〈우중산책〉 역시 지금까지와는
다른 서사와 이미지로 영화계의 큰 관심을 끌었다. 지금 이
작품을 다시 보면 2021년과 1994년 사이에 존재하는 감각
의 차이를 읽게 된다. 영화의 공식 줄거리는 작품을 이렇게
묘사한다.

> "도시 변두리의 삼류 영화관 매점 점원이면서 매표원
> 인 강정자는 서른을 넘긴 노처녀다. 오늘은 맞선 볼
> 남자가 방문하기로 약속한 날이다."

'노처녀'나 '맞선'이라는 표현은 영화에 등장하는 동시상
영관, 삐삐, 젊은 톰 크루즈의 얼굴이 보이는 영화 포스터만

큼이나 우리에게 낯설다. 영화 자체가 민족지적 기록이 될 수 있는 것처럼 영화에 대한 설명도 그 시대상을 그대로 보여주고 있는 셈이다. 이런 시대의 간극에도 불구하고, 영화가 공간을 구성하고 여성의 심리를 포착하며, 인물 군상을 묘사하는 방식만큼은 여전히 세련되었다. 〈우중산책〉은 '작가 임순례'의 시작으로 놓쳐서는 안 되는 작품이다.

디지털카메라, 서울국제여성영화제, 그리고 '여성영화'

1980년대에서 1990년대에 걸쳐 비디오와 디지털카메라가 나오면서 영화는 훨씬 더 여성 친화적인 매체가 된다. 작은 카메라가 기동성을 높여준 것은 물론이거니와, 여성의 삶 속으로 들어와 사적 이야기를 담아내는 친밀한 미디어가 되어주었기 때문이었다. 특히 여성감독들은 〈김진아의 비디오 일기〉(2001)와 같은 '비디오 다이어리' 형식을 비롯하여 다양한 사적 다큐멘터리를 선보이면서 사회참여적인 성격이 강했던 한국 다큐멘터리의 지형을 한층 확장시킨다. 이는 1990년대 한국 페미니즘이 "사적인 것이 정치적인 것이다"라는 모토를 통해 '정치적인 것'의 의미를 다시 썼던 과정과 함께했다. 이제까지 사소한 것으로 여겨졌던 여성의 이야기가 '정치적인 것'으로서 스크린을 찾아왔다. 그리하여 지금까지와는 또 다른 '여성-우리'라는 감각이 여성들 사이에 형성되기 시작한다.

1997년 "여성의 눈으로 세계를 보자"라는 모토를 내걸고 그 시작을 알렸던 서울여성영화제는 본격적으로 '여성영화'를 소개하고 여성들이 모여 이를 함께 즐길 수 있는 친밀한 문화의 장을 열었다. 서울여성영화제는 제1회부터 제5회까지 서울 대학로의 동숭아트센터에서 개최되었는데, 영화제를 사랑했던 사람들은 이 시기를 여성영화제 '대학로 시절'이라 불렀다. 대학로 시절, 영화 한 편의 상영이 끝나고 흥분한 여성들이 동숭아트센터 앞 작은 광장에 삼삼오오 모여 영화에 대한 이야기를 나누며 다음 영화를 기다리던 장면이 아직도 기억에 남아 있다. 영화제가 문화의 장이자 여성들의 광장 역할을 하던 시절, 그 자양분을 먹고 한국의 영화문화는 성장했다.

이런 여성영화제는 제1회부터 '단편영화 및 비디오 경선 부문'을 선보였다. 여성영화인을 발굴하고 "그 등용문이 되고자 하는 목적"(심혜경)에서였다. 제3회부터는 경선 부문의 이름을 '아시아 단편경선'으로 바꾸고, 그 관심을 아시아 여성/감독으로 확장시킨다. 박찬옥, 정재은, 장희선, 이경미, 정주리, 전고운, 박지완 등 한국영화의 중요한 이름들이 여성영화제 단편경선을 통해 주목을 끌었다.

여성영화제는 한국사회에서 '여성영화', 그리고 '여성서사'의 의미를 형성하는 데 중요한 역할을 했다. '여성감독이 여성에 대해 만든 영화'를 상영작의 기본조건으로 삼고 있었지만, 그것이 필요충분조건은 아니었다. 단순히 여성이 만들거나 주인공인 영화를 넘어서, 페미니스트 의제를 담고 있을 때, 혹은 풍부한 담론을 만들어낼 여지가 있을 때, 그리하여 페미니스트 의제의 의미망을 형성하고 확장할 수 있을 때, 영화는 비로소 '여성영화'로 규정되었다. 초창기 여성영화제가 운동성을 강조하는 '비디오 액티비즘'과 공동체 작업에 무게중심을 두고, 운동성을 가진 비디오 작품을 비롯해 공동체에서 제작한 작품들을 소개하는 부문인 '여성영상 공동체' 섹션을 따로 두었던 것은 이 때문이었다.

제2회 우수상 수상작인 장희선의 〈고추 말리기〉(1999)는 1990년대 페미니즘 영화의 특징을 볼 수 있는 흥미로운 작품이다. 영화감독을 꿈꾸는 희선은 집에서 빈둥거린다. 사업을 하는 열정적인 여성인 희선의 어머니 설정원은 '살찌고 게으른' 딸이 못마땅하다. 한편, 희선네 가사를 도맡아 하는 할머니 최천수는 밖으로만 나도는 며느리 설정원이 불만이다. 이런 여자 삼대가 어느 늦여름, 고추를 옥상에 널면서 이야기는 시작된다. 장희선 감독은 할머니와 어머니를

〈고추 말리기〉 스틸 컷

직접 출연시키고, 자신의 역할에는 배우 박준면을 캐스팅한
다. 카메라 뒤에 있으면서도 동시에 앞에 있는 존재로서, 여
성감독은 자신의 위치를 유연하게 바꾸면서 '사적'인 이야
기를 '공적' 장으로 꺼내온다. 지금까지는 일기장에나 은밀
하게 적혔을 법한 이야기들이 '우리들의 이야기'로 들려올
때, 그 이야기는 '여성-우리'라는 공통의 감각을 만들어낸
다. "뭐 이따위 걸 영화로 찍느냐"고 말하는 어머니와 할머
니 세대는 이해할 수 없(거나 뒤늦게 이해하게 되)는 다른 세
대의 여자들, 페미니즘 시대 여자들의 탄생인 셈이다.

　그러나 이 '우리'라는 감각이 동질성만을 추구한 배타적
인 범주였던 건 아니다. 여성영화제는 다른 국제영화제들과
는 구별되는 프로그래밍을 통해 '(남성)영화'와는 다른 '여
성영화'를 고민하고 고안하는 동시에 여성 내에 존재하는

차이와 다름을 충분히 사유하고자 했다. 미장센단편영화제 수상작이자 퍼플레이 상영작인 이미랑의 〈베트남 처녀와 결혼하세요〉(2005)와 〈목욕〉(2007)은 그런 점에서 주목할 만하다. 전자는 결혼이주여성의 매매혼 문제를, 후자는 트랜스젠더여성에 대한 공감과 이해를 그리면서 2000년대에 소수자를 가시화하는 도구로서 여성영화의 정치성과 가능성이 어떻게 상상되었는지 가늠해볼 수 있도록 이끈다.

영화학교,
그리고 '단편영화'라는 제도

다른 한편에서는 한국예술종합학교 영상원을 비롯하여 중앙대, 동국대, 한국영화아카데미 등 영화학교의 부상과, 1998년 한국독립영화협회의 창립, 미로비전과 인디스토리 같은 독립영화 배급사 설립, 영화진흥위원회의 제작 지원 프로그램 확대 등이 단편영화의 장을 성장시키는 배경이 되었다. 2000년대 초, 한국독립단편영화가 "제도적 지원(교육 기관과 영화진흥위원회 제작 지원)과 산업적 지원(배급망과 상영 시스템 구축)이라는 이중의 후원 아래 축복의 항해를 시작"(문학산)했다는 평가를 받았던 이유다.

이수연의 〈물안경〉(2000)과 부지영의 〈눈물〉(2002), 이경미의 〈잘돼가? 무엇이든〉(2004)·김보라의 〈귀걸이〉(2004)는 이런 조건 속에서 등장한 작품들이다. 네 감독 모두 영화학교에서 제도교육을 받은 신진 감독으로서, 여성의 이야기를 '웰메이드'로 담아내는 '만듦새의 성취'를 보여준다. 이 영화들에서 발견할 수 있는 여성의 내밀한 기억과 욕망, 그리고 여성 간의 친밀성을 스크린으로 옮기는 대담함은 페미니즘 문화운동의 물결 속에서 등장한 '여성영화'의 자양분을 흡수하면서 움튼 예술성이지만, 그것을 유려한 영화언어에 담아내는 감각은 영화학교를 포함한 한국단편영화 제도의 수혜 속에서 자라난 자질이다. 이수연 감독이 장편 데뷔작 〈4인용 식탁〉에서 선보인 한국 근대성을 비판하는 예리한 시선과 영화 언어의 수려함, 그리고 장르적 상상력은 이런 풍성한 토양에서 가능한 것이었다.

2000년대 중반, 이렇게 '웰메이드'가 단편영화의 주류가 되었을 때, 페미니스트 아방가르드 실험 정신이나 페미니스트 비디오 액티비즘의 정치성을 어떻게 지켜갈 것인가는 중요한 문제로 대두되었고, 이 과제는 여전히 우리 앞에 남아 있다.

• 함께 기억할 여성감독들

　단편영화를 여성영화인 데뷔의 장으로 설명하고 그 계보를 그리면서 제대로 언급하지 못한 여성감독이 있다(특히 퍼플레이 상영작을 염두에 두었기에 누락된 작품도 있을 것이다). 글을 마무리하기 전에 반드시 언급해야 할 감독들이 있다.

　우선 한국 페미니스트 다큐멘터리의 시작이라고 할 만한 〈낮은 목소리〉 시리즈를 제작했던 변영주 감독을 기록해야 한다. 그는 2004년 첫 극영화 데뷔작인 〈발레교습소〉를 시작으로 이후 〈화차〉(2011)를 연출했다. 한국영화아카데미에서 영화 연출을 공부하고 박철수 감독의 연출부로 활동하다 1998년 심은하, 이성재 주연의 로맨틱코미디 〈미술관 옆 동물원〉으로 장편영화에 입문한 이정향 감독도 마찬가지다. 이 작품으로 비평과 흥행, 모두에서 성공적인 평가를 받았던 이정향 감독은 이후 한국영화사에서 제작비 대비 가장 큰 흥행 수익을 얻은 작품 중 하나로 기록된 〈집으로〉(2002)를 연출하고 2011년 송혜교 주연의 〈오늘〉을 내놓았지만 이후 필모는 더 추가되지 않았다.

　〈버스, 정류장〉(2001)의 이미연 감독, 〈…ing〉(2003)·〈어깨너머의 연인〉(2007)·〈미씽: 사라진 여자〉(2016) 등의 이언희 감독, 〈오로라 공주〉(2005)·〈용의자 X〉(2012)·〈집으로 가

는 길〉(2013) 등의 방은진 감독, 〈열세살, 수아〉(2007)·〈청
포도 사탕: 17년 전의 약속〉(2011)·〈프랑스여자〉(2019)의
김희정 감독, 〈키친〉(2009)·〈결혼전야〉(2013)·〈당신, 거
기 있어줄래요〉(2016) 등의 홍지영 감독, 그리고 〈보희와
녹양〉(2018)·〈아워 바디〉(2018)·〈야구소녀〉(2019) 등 한
국영화아카데미 졸업 작품의 지노교수로 활동했으며 〈지
금, 이대로가 좋아요〉(2009)·〈나나나: 여배우 민낯 프로젝
트〉(2011)·〈카트〉(2014) 등을 연출한 부지영 감독 역시 덧붙
여놓고 싶다.

3
"유림 페미니스트?" 아니다, 그것은 전환기의 비평 정신이었다 •

여성주의 영화비평, 즉 시네페미니즘은 서구 페미니즘 제 2물결 안에서 그 시작을 알렸다. 정치와 경제, 그리고 교육과 같은 공적영역에서 여성과 남성이 동등한 권리를 누려야 한다고 주장했던 페미니즘 제1물결이 어느 정도 성과를 거둔 뒤에도 성차별은 여전했고, 여성들은 표면적인 권리의 평등을 넘어 권리의 성격과 그 권리를 누릴 수 있도록 삶의 조건을 구성하는 가부장제 문화 자체를 문제 삼아야 한다는 사실을 깨닫게 된다. 페미니즘 제2물결은 이 깨달음을 바탕으로 문화 전반에 대한 비평을 전개했다. 이때 등장한 질문 중 하나가 여성 재현과 상징체계였다. 페미니스트들은 지면이나 브라운관뿐만 아니라 스크린에 주목했고, 기존의 남성중심적이었던 영화비평 담론에 적극적으로 개입하기 시작했다.

• 여기서는 한국 시네페미니즘을 1기 '변혁운동의 확장~시네페미니즘의 도입(1990~IMF 전)', 2기 '신자유주의 시대의 포스트(모던)페미니즘(포스트 IMF~2000년대 중반)', 그리고 3기 '백래시와 여성혐오, 페미니즘 리부트(2000년대 후반부터 현재까지)'로 나누어 설명하는 송효정 평론가의 틀을 바탕으로 태동기부터 2000년대 중반까지의 흐름을 살펴보았다(송효 정, 「한국영화, 페미니즘, 그리고 재현」, 〈영화평론〉 30호, 2018).

• 카이두,
한국 최초의 시네페미니스트 그룹

한국 최초의 시네페미니스트 활동은 1974년에 결성된 한국여성실험영화집단 카이두 클럽으로 기록되어 있다. 한옥희, 김점선, 이정희 등 6~10명 정도의 이화여자대학교 학생들이 주요 멤버였다. 카이두 클럽은 해방 후 한국영화사에서 '실험영화'라는 이름을 내세우기 시작한 최초의 영화 집단이었다. 신세계 백화점 옥상에서 실험영화 페스티벌을 개최하면서 본격적인 활동을 시작했는데, 한옥희 감독은 "청년문화의 한국 상륙, 여성의 사회 진출에 대한 요청, 영상연구회 등

카이두 클럽의 실험영화 페스티벌 포스터, 1974년

대학 영화 모임의 활성화와 뉴아메리칸 시네마와 뉴저먼 시네마의 영향, 그리고 저질 문화에 반기를 든 여성의 움직임"을 카이두 클럽 출현의 문화적 배경으로 언급했다.

카이두는 어떤 남성도 그를 능가하지 못해서 혼자 살았다고 기록된 몽고의 전설적인 여걸의 이름으로, 이미 이 이름을 따온 데서 남성중심적인 영화 문화를 극복하고자 하는 멤버들의 의지를 알 수 있다.

카이두 클럽은 1975년 4월 19일에 미국공보원에서 '여성과 영화 세계'라는 심포지엄을 개최했다. 그리고 개최 취지문에서 이렇게 선언했다.

"한국영화에는 여성이 없다. '경아'(이장호 감독 〈별들의 고향〉 주인공)가 우리 시대의 잃어버린 꿈의 여인상이라고 아무리 애교를 부려보아도 한국영화에는 여자가 없다. 목하目下 '영자'가 전성시대를 기차게 구가한다손 치더라도 한국영화에는 여자가 없다. 〈여여여女女女〉의 옴니버스 영화를 검열하는 사람이 '女女女'를 합하면 姦(간사할 간)이 되니 타이틀을 바꾸라고 호령했던 기억이 있는 한 한국영화에는 여자가 없다. 제인 폰다와 마리나 멜쿠리니의 그 성난 얼굴이 우리의 주변엔 아직 보이지 않는다. 그리하여 오늘 이 모임은 '잃어버린 여자女子'와 '일곱 번째의 뮤즈'를 찾기 위한 하나의 몸부림일 수밖에 없다." 박상지, 「한국실험영화의 개척자 '카이두 클럽'을 아시나요」, 〈전남일보〉, 2019. 11. 14.에서 재인용

2019년 서울국제여성영화제에서 열린
여성영상집단 바리터 30주년 기념 포럼에 참석한 회원들

한국에서는 1989년 여성영상집단 바리터의 결성을 그 시작으로 주목해볼 수 있다. 87년 이후 시대의 전환과 함께 제작과 이론을 아우르는 페미니스트 영화 실천이 본격적으로 움트기 시작했고, 그 자리에 바리터가 있었기 때문이다. '여성주의적 영화 실천'을 표방했던 바리터는 〈작은 풀에도 이름 있으니〉(1990)·〈우리네 아이들〉(1990) 등 여성과 노동의 문제를 다루는 영화를 제작했다.

김소영 감독은 바리터 30주년 기념행사에서 "'바리데기' 서사와 여성들이 모이는 장소로서의 '터'를 합해서 이름을 지었다"고 설명했다. 덧붙여 "발음이 베리떼vérité, 진실와도 비슷하다고 생각했는데, 일부 남성영화인들은 빨래터라고 부르기도 했다"고 회고했다. 여성영화인들의 의지와, 그것을 조롱했던 당시의 남성중심적 문화를 상징적으로 보여주는 일화다.

1990년대,
시네페미니즘의 도입

1990년대가 되면 페미니즘과 문화의 관계가 조금 달라진다. 페미니스트들은 가부장적인 대중문화를 비판했을 뿐만 아니라, 이를 여성운동의 장으로 탈영토화 해서 적극적으로 이용하고자 했다. 이런 분위기 속에서 페미니즘을 표방하는 소설, 영화, 연극 등이 창작되고, 적지 않은 주목을 끌면서 사회적 반향을 불러일으켰다.

소설에서는 양귀자의 『나는 소망한다 내게 금지된 것을』(1992)과 공지영의 『무소의 뿔처럼 혼자서 가라』(1993)가 출간되어 베스트셀러가 되고, 영화화되기도 했다. 더불어 〈델마와 루이스〉(1991)·〈프라이드 그린 토마토〉(1992)·〈피아노〉(1993) 등의 영화가 개봉하고, 〈아들과 딸〉(MBC, 1992) 등의 드라마가 방영되면서 한국사회에서 페미니즘에 대한 대중적 논의를 촉발하는 계기가 된다. 페미니스트 문화운동 단체인 '여성문화예술기획(이하 여문)'에서는 연극 〈무소의 뿔처럼 혼자서 가라〉를 제작하는 한편, 다양한 페미니스트 전시와 퍼포먼스, 무대 등을 선보였다. 서울여성영화제를 개최한 것 역시 여문이었다. 그리고 남성감독들의 작품이었지만 스스로 페미니즘 영화임을 내세웠던 〈그대안의 블루〉(1992, 이현승)·〈처녀들의 저녁식사〉(1998, 임상수) 같은 영화들도 개봉한다.

이와 함께 여성연구자들을 중심으로 서구 시네페미니즘 이론을 소개하는 작업이 이뤄진다. 이 시기를 잘 보여주는 출간 도서로는 유지나·변재란이 엮은 『페미니즘/영화/여성』(1993)이 있다. 이 책은 서구 시네페미니즘 1기에서 3기에 이르는 각 시기의 가장 대표적인 에세이들을 소개한다. 1기(1968~1974)의 대표작이라고 할 수 있는 마조리 로젠의 「팝콘 비너스」는 사회의 정치적이고 경제적인 상황에 따라 영화에서 여성 재현이 어떻게 달라져왔는가를 분석한다. 2기(1975~1980년대)에서는 클레어 존스톤의 「대항영화로서의 여성영화」와 로라 멀비의 「시각적 쾌락과 내러티브 시네마Visual Pleasure and the Narrative Cinema」를 소개하고 있는데, 전자의 경우에는 바르트의 신화론에 기대어 여성 스테레오타입의 문제를 다루고 있고, 후자의 경우에는 남성 쾌락에 복무하는 영화의 시각 메커니즘 자체를 비판한 고전이다. 3기

(1990년대 이후)는 2기가 모든 여성을 동질적인 존재로 이해하면서 여성관객의 다양한 위치와 쾌락을 폐기했다는 문제의식 속에서 시작되었으며, 대표작으로 영화를 보는 여성들의 쾌락을 탐구하는 제인 게인즈의「여성과 재현: 우리도 다른 쾌락을 즐길 수 있을까?」등을 소개한다.

김소영이 책임 편집한『시네페미니즘, 대중영화 꼼꼼히 읽기』(1995)의 경우에는 〈델마와 루이스〉·〈귀여운 여인〉·〈인어공주〉·〈양들의 침묵〉·〈그대안의 블루〉 등 당시 화제가 되었던 대중영화에 대한 페미니즘적 독해를 시도함으로써 "고전적 할리우드 영화나 실험적인 페미니스트 영화에 대한 분석에 치중된 기존의 논의와 상대적인 차별성"을 추구하고, 영화에서 여성 목소리와 사운드의 문제를 다루었던 카자 실버만의 논문 등을 소개하면서 이론적 자장 역시 확장하고자 했다.

이와 함께 이수연의『메두사의 웃음』(1998)을 주목할 만하다. 이수연은 1부에서 서구 페미니즘 이론 및 시네페미니즘 이론을 개괄적으로 소개하고 2부에서는 〈그대안의 블루〉·〈개같은 날의 오후〉(1995)·〈삼공일 삼공이(301, 302)〉(1995)·〈코르셋〉(1996) 등 1990년대 당시 여성영화라는 이름을 붙일 수 있었던 작품들의 페미니즘 영화로서의 가능성과 불가능성을 논했다. 이런 작업들은 시네페미니즘

1990년대 여성연구자들의 작업을 바탕으로 출간된
서구 시네페미니즘 이론 도서들

이 역사를 가진 하나의 이론적 체계로서 어떻게 치열한 토론을 통해 점차 확장되고 또 변주되어왔는지 보여준다.

1999년에는 성소수자 인권운동 및 퀴어 담론의 확장과 함께 스크린에서 가시화되기 시작한 퀴어에 대한 영화이론 작업을 소개하는 주진숙 책임 편집의 『호모/펑크/이반』(1999)이 출간된다. 로빈 우드, 줄리아 르사주, 루비 리치, 발레리 트로브 등 퀴어 이론가와 바바라 해머 등 퀴어 창작자의 글을 소개하면서 "섹슈얼리티의 재현과 정치성의 문제가 가장 첨예하게 드러나는 레즈비언, 게이, 퀴어영화 비평의 전개 과정과 쟁점들"을 살폈다.

포스트 IMF에서
2000년대 중반까지

1997년 IMF 이후, 세기 전환기 한국영화 산업은 변신을 도모하고 있었다. 처음으로 '한국형 블록버스터'라는 홍보 문구를 내세웠던 〈퇴마록〉(1998)과 실제적인 '한국형 블록버스터'의 시작으로 평가받았던 〈쉬리〉(1999) 이후, 한국영화는 본격적으로 산업화, 합리화의 과정으로 진입한다. 그리고 '크게 투자하고 로또 맞는' 산업구조가 일반화된다.

이런 상황 속에서 한국영화는 점차로 '남자영화' 만들기에 몰두했다. 예산이 커졌기 때문에 '흥행 보증수표'가 필요해졌고, 이때 그 보증수표로 '남자영화'라고 할 수 있는 한국형 누아르와 액션, 사극 같은 장르가 부상한다. 주류 영화에서는 만나기 어려워진 여성 주인공들은 모두 공포영화 속으로 모여들었다. 이처럼 스크린 속에서 '나만 힘들다'고 울면서 다시 역사의 주인공이 되고자 했던 남자들과 귀신이 되지 않으면 자신의 이야기를 할 수 없게 된 여자들의 형상이란 "표리와도 같은 관계"(송효정)였다.

2000년대에 이르면, 1990년대에 서서히 이름을 알리기 시작한 1세대 시네페미니스트들이 아카데미를 기반으로 더욱 활발한 연구 활동을 시작한다. 이들의 작업은 크게 두 가지로 분류할 수 있을 텐데, 하나는 젠더 관점에서 한국영화

사를 다시 쓰는 작업, 그리고 다른 하나는 한국 시네페미니
즘의 이론을 구축하고 당대 영화를 분석하는 작업이었다.

한국영화사에 대한 재평가와 재기술은 매우 흥미롭게 진
행되었다. 기존에 그다지 주목을 끌지 못했거나 폄하되었던
여성캐릭터, 소위 '여성 취향'의 영화, 그리고 여성관객들을
다르게 분석하고 그에 새로운 의미를 부여하는 작업들이 남
성영화인과 남성감독 중심으로 젠더화된 한국영화사에 다
채로운 색을 부여한다. 김소영의 『근대성의 유령들』(2000),
변재란·주유신 등이 참여한 『한국영화와 근대성』(2001), 그
리고 백문임의 『월하의 여곡성』(2008) 등의 저서가 주목할
만한 성과였다.

이론 작업의 경우에는 페미니즘 제3물결이라고 불리는
포스트모던 페미니즘을 비롯한 다양한 포스트 담론들, 그
중에서도 특히 포스트-식민주의 이론과 민족주의/국가주
의를 비판하는 트랜스내셔널 이론이 시네페미니즘과 적극
적으로 만났다. 김소영이 기획하고 엮은 선집 『아틀란티스
혹은 아메리카』(2001)와 『트랜스』(2006), 그리고 김선아의
단독 저서인 『한국영화라는 낯선 경계』(2006) 등을 꼽을 수
있다.

비평의 장에서는 유지나, 심영섭, 주유신, 권은선 등 스타
페미니스트 영화평론가들이 등장했다. 특히 〈씨네21〉 평론

가상을 수상하면서 등단한 심영섭은 대표적인 대중적 페미
니스트 영화평론가로서 인기를 누렸다. 하지만 페미니스트
로서 목소리를 냈다는 이유로 다양한 욕설과 부당한 공격에
노출되기도 했는데, 그에 따르면 2000년대 초 김기덕 감독
의 작품을 비판했다가 "유림 페미니스트, 페미 파시즘, 보지
평론가" 등의 공격을 받았다고 한다. 20년 전이나 지금이나,
상황이 별반 다르지 않아 보인다.

2000년대 후반이 되면 전 지구적 우경화와 함께 한국
에서도 노골적인 백래시의 시대가 열린다. 된장녀 담론
이 우리 시대 새로운 형태의 여성혐오 담론으로 자리잡고,
2010년대가 되면 '김치녀' 운운이 시작된다. 백래시가 강해
지고 대중 담론에서 페미니즘에 대한 목소리가 다소 사그러
든 것처럼 보였던 시기가 2000년대 후반에서 2010년대 중
반까지다. 그러나 한번 터져나온 말들은 쉽게 사라지지 않
는다. 1990~2000년대에 쌓아온 말과 생각과 감수성은 이후
에도 계속 영향을 미치고 있었고, 이런 시간들은 기어코 그
다음을 열어젖힌다. 지금 우리가 살고 있는, 다양한 여성영
화를 볼 수 있고, 다양한 이야기들을 나눌 수 있는 시간처럼
말이다.

4
페미니스트 비평가의 임무

2015년 페미니즘 리부트와 함께 여성서사, 여성영화에 대한 담론이 폭발하였다. 문화적 재현이 어떻게 현실을 반영하는지, 그리고 동시에 어떻게 스크린 밖의 상상력을 프레이밍할 수 있는가에 대한 관심이 높아지면서 여성들을 중심으로 "더 많은 여성들의 이야기를 보고 싶다"는 목소리가 터져 나왔기 때문이다. 그렇다. "터져 나왔다"는 표현이야말로 다른 어떤 말보다 지난 5년간 여성들의 문화적이고 비평적인 실천을 묘사하는 정확한 단어일 수 있겠다. 이와 함께 여성혐오적이거나 여성을 도구적으로 활용하면서 대상화하기**만** 하는 영화, 여성 신체를 지독하게 착취하는 영화들에 대한 비판의 목소리도 커졌다.

관객들의 목소리는 영화 기획·제작 현장에도 영향을 미치기 마련이다. 무엇보다 여성이 파워풀한 소비자이기 때문이고, 다른 한편으로 영화를 만드는 사람들은 당연히 이런 목소리를 무시할 수 없기 때문이다. 때때로 문제작을 꿈꿀 때에도 그건 사회의 관습을 뒤트는 불온한 영화를 원하는 것이지 무작정 나쁜 영화를 목표하는 것은 아니다. 예산 규모가 큰 영화들은 여전히 '안전한 선택'을 추구하지만(그래서 여전히 이름 있는 몇몇 중년 남성배우들의 출연 콜 사인만 목 빠지게 기다릴 수밖에 없지만) 다양한 플랫폼에서 제작되는 다양한 규모의 영화들에서는 이런저런 실험과 도전이 '감행'되고 있다. 2010년대 말 우리를 찾아온 여성영화의 새로운 물결은 결국 여성영화인들이 쌓아온 내공과 여성영화의 두터운 역사, 그리고 오랜 관객과 새로운 관객들의 열망이 만나 이뤄낸 '흥미로운' 화학작용의 결과였다.

하지만 시네페미니즘 역사가 없는 것처럼 계속 반복되는 이야기들도 있기 마련이다. 다수의 기록은 보편사로서 쉬이 지속되지만, 변화를 꿈꾸는 목소리는 언제나 새롭게 '리부트'된다. 그래서 때때로 SNS에서 진행되는 '여성영화란 무엇인가' 혹은 '여성서사란 무엇인가' 논쟁을 보면 반갑기도 하면서 왜 우리는 언제나 뿌리 없는 것처럼 그야말로 참고 문헌 없이 같은 이야기를 반복하고 있을까 고민하게 되기도 한다.

시네페미니즘의 논의,
여성영화의 가능성 찾기로

사실 여성영화에 대한 담론은 오랜 시간 쌓여왔고 "주인공이 탈코를 했다" "성적 대상화가 없다" "실화 베이스다" 같은 몇 개의 명쾌한 기준으로 단순히 줄 세울 수 없는 것이 여성영화다. 종종 "여성영화가 무엇인지 규정해달라"는 질문에 "여성영화는 한마디로 규정될 수 없고, 정답을 줄 수도 없다"고 답하는 이유다. 시네페미니즘 50년 역사 동안 여성영화란 무엇인가에 대해서 완벽하게 합의를 이룬 적은 없었다. 서로 경합하는 관점들 인에서 계속해서 논의는 분화되고 확장되어왔다. 그렇게 서로 격론을 벌이고 갈등하면서도 결정적인 문제의식에서 교차하게 되는 것이 페미니즘의 힘이고 또 자부심이다.

1960년대 말, 서구 페미니즘 제2물결과 함께 확장되기 시작한 시네페미니즘 논의들은 계속해서 여성영화가 무엇인지 탐구하고 제안해왔다. 지금 우리가 하고 있는 것처럼 남성중심적 재현 체계를 비판하면서 그 원인을 찾아 저항하고, 동시에 대안을 모색하고자 한 것이다.

영화학자인 수잔 헤이워드는 『영화 사전』(2012)에서 1968년에서 1990년대에 이르는 시네페미니즘 담론을 3기로 나누어 설명한다. 이 작업에서 그는 68혁명이 시작되고 영화비평에 페미니즘, 정신분석학, 마르크스주의, 기호학 등이 개입하기 시작했던 1968년에서 1974년에 이르는 시기를 1기, 시네페미니즘 논의에서 가장 중요한 논문 중 한 편으로 꼽히는 로라 멀비의 「시각적 쾌락과 내러티브 시네마」가 등장했던 1975년부터 1983년까지를 2기(이 논문은 모든 여성을 동질적인 관객으로 상정하는 우를 범했지만), 그리고 로라 멀비의 논의를 퀴어 이론의 관점에서 뒤집으면서 여성 내부의 차이에 주목했던 테레사 드 로레티스의 『앨리스는 하지 않는다Alice Doesn't: Feminism, Semiotics, Cinema』가 출간된 1984년부터 1990년대까지를 3기로 분류했다.

1기는 스크린에 더 많은 여성이 참여하고 더 다양한, 그리고 '올바른' 여성 재현이 등장하는 것을 기대했다면, 2기는 내러티브 시네마, 즉 서사영화의 이데올로기적 작동을 해체하면서 그 시각 메커니즘 자체가 어떻게 남성의 시각적 쾌락을 보장하면서 여성을 '볼거리'로 구성하는가를 비판했다. 그리하여 서사영화가 아닌 실험영화와 아방가르드 영화에서 여성영화의 가능성을 찾았다. 관객들이 즐기는 서사영화의 봉합과 동일시 기제를 깨지 않으면 여성은 그저 남성의 시각적 쾌락의 대상이 될 뿐이라는 문제의식 때문이었다. 3기는 모든 여성이 동일하지 않으며, 젠더는 성적차이sexual difference로 환원되지 않고 인종, 계급, 성적지향 등 다양한 정체성을 바탕으로 교차적으로 구성된다는 흑인 페미니즘과 퀴어 이론에 영향을 받으면서 여성관객 내의 차이에 주목했다. 그러면서 여성관객의 쾌락을 어떻게 발견할 것인가를 질문하고 그들이 즐길 수 있는 서사영화에서 여성영화의 가능성을 찾고자 했다.

헤이워드가 설득력 있는 근거를 가지고 편의상 시네페미니즘을 이렇게 3기로 나누어 설명했지만, 이 세 가지 흐름의 문제의식은 서로 완벽하게 분리되어 있지 않으며, 분리 가능하지도 않다. 50년이 흐른 지금도 우리는 스크린의 성비를 문제 삼고 계속 반복되는 젠더 스테레오타입을 분석하면서 여성의 성적 대상화와 그 시각 메커니즘을 비판하지 않을 수 없다. 그러면서도 동시에 여성관객들이 남성중심적 스크린과 어떻게 교섭하고 경합하면서 자신의 쾌락을 찾는지, 그런 실천들이 평평하고 단순해 보이는 한국의 스크린과 이런저런 윈도들을 어떻게 다채롭게 만들고 있는지 논해야 한다. 이 모든 것이 사실은 '영화적인 것'을 구성하고 있기 때문이다.

최근 나에게 '여성영화'는 이 모든 것에 대한 고려에 한 가지를 더 덧붙인 것으로 다가온다. 그건 앨리슨 버틀러가 『여성영화』에서 제안한 내용인 '소수 영화로서 여성영화'다. 그는 "여성이 주류문화에 대해 집단적으로 이의를 제기한다는 점에서 여성은 하나로 모일 수 있다. 이는 원형적이라기보다는 역사적 긴급함 때문에 일어난 반발이다"『여성영화』, 31쪽라는 루시 피셔의 말을 인용하면서 설명을 이어간다. "여성영화란 자신이 거주하고 있는 주인의 영화적 담론 혹은 민족 담론에 '편안해하지' 않으며 늘 기존 전통의 관습들과 섞이고, 경합하며, 그것들을 재작업하는 감염된 양식이다."위 책, 37쪽

우리에게 익숙한 언어를 조금씩 뒤틀어 오염시키는 페미니스트적 영화 실천. '여성'의 의미를 생물학적 본질주의 안에 가두지 않으면서도 역사적 갈급함 안에서 '우리'를 말할 수 있도록 유도하는 영화. 나의 소수자성을 바탕으로 다른 이의 소수자성을 함께 사유하고 '타자'의 사정을 살필 수 있도록 마음을 만져주는 이야기들. 주인의 담론 안에서, 그러니까 우리 사회의 관습적 사고방식 안에서 편안하게 재미를 추구하는 것이 아니라 그 편안함을 뒤틀면서 즐거움을 주는 도전들. 이런 과정을 통해 내가 페미니스트 비평가로서 꿈꾸는 것은 여성영화의 가능성과 재미를 독자들과 함께 나누는 일이다. 그리고 "어? 그럴 수도 있어?" 하고 한번쯤 돌아보게 만드는 좋은 질문들을 던지고 싶었다. 이 모든 과정에 정성을 들이는 것이 나에게는 쾌락이자 페미니스트 비평가의 임무이므로.

참고문헌

김진국, 「무네미고개 넘던 산골소녀, 유럽을 넘는 영화감독으로」, 〈황해문화〉 84호, 2014.

문학산, 「비우는 화면과 비워진 역사: 한국독립단편영화의 경향과 역사」, 『한국 단편영화의 쟁점들: 작가, 여성, 디지털』, 도서출판소도, 2003.

박상지, 「한국실험영화의 개척자 '카이두 클럽'을 아시나요」, 〈전남일보〉, 2019. 11. 14.

서울국제여성영화제 기획, 심혜경 책임편집, 『제10회 서울국제여성영화제 기념 백서: 여성, 영화, 그리고 축제!』, 서울국제여성영화제, 2008.

손희정, 『페미니즘 리부트』, 나무연필, 2017.

송효정, 「한국영화, 페미니즘, 그리고 재현」, 〈영화평론〉 30호, 2018.

수잔 헤이워드, 『영화 사전: 이론과 비평』, 이영기·최광열 옮김, 한나래, 1997.

앨리슨 버틀러, 『여성영화』, 김선아·조혜영 옮김, 커뮤니케이션북스, 2011.

이주현, 「[서울국제여성영화제②] 여성영상창작집단 바리터, '바리터 30주년의 의미를 말하다'」, 〈씨네21〉, 2019.09.18.

이화정, 「채윤희 올댓시네마 대표: 모든 순간이 한국영화계 홍보마케팅의 최초」, 〈씨네21〉, 2019.07.11. http://www.cine21.com/news/view/?mag_id=93404 (검색일: 2020.05.03.)

조애리·이혜경 외, 「좌담: 페미니즘과 대중문화의 만남, 뿌리내리기」, 〈여성과 사회〉 5호, 1994.

주진숙, 『여성영화인사전』, 도서출판소도, 2001.

주진숙·이순진, (사)여성영화인모임 기획, 『영화하는 여자들』, 사계절, 2020.

한국영화100년기념사업추진위원회 엮음, 『한국영화 100년 100경』, 돌베개, 2019.

사진 저작권 및 출처

- 17쪽 / ⓒ씨네21

- 34쪽, 38~39쪽 / 영화사 아토 제공

- 50쪽 / ⓒATNINE FILM CO., LTD/EPIPHANY FILM/MASS ORNAMENT FILMS

- 61쪽 위 컷 / 수필름 제공

- 61쪽 아래 컷, 67쪽 / 수필름·홍필름 제공

- 89~91쪽, 93쪽 / ⓒ한국영화아카데미

- 113쪽, 119쪽, 121쪽, 123~124쪽 / 워너브러더스 코리아(주) 제공

- 160쪽, 165~166쪽 / CGV아트하우스 제공

- 169쪽 / ⓒ이종훈(스튜디오 레일라)

- 187쪽 / 모호필름 제공

- 188쪽 / 영화사 거미 제공

- 191쪽 / 넷플릭스 제공

- 208쪽, 225쪽 / ⓒ서울국제여성영화제

- 213쪽 / ⓒ임순례

- 217쪽 / (주)인디스토리 제공

- 223쪽 / ⓒ한옥희